국제PEN한국본부
창립70주년기념 시인선
20

우아한 행복

이영숙 시집

International PEN-Korea Center

국제 PEN 헌장

국제PEN은 국제PEN대회 결의에 따라 다음과 같이 헌장을 선포한다.

1. 문학은 각 민족과 국가 단위로 이루어지나, 그 자체는 국경을 초월하여 그 어떤 상황 변화 속에서도 국가 간의 상호 교류를 유지해야 한다.

2. 예술 작품은 인간의 보편성에 바탕을 두고 길이 전승되는 재산이므로 국가적 또는 정치적 권력으로부터 간섭을 받아서는 안 된다.

3. 국제PEN은 인류 공영을 위해 최대한의 영향력을 발휘해야 하며 종족, 계급 그리고 민족 간의 갈등을 타파하는 동시에 전 세계 인류가 평화롭게 살아갈 수 있다는 이상을 실현하기 위하여 최선을 다해야 한다.

4. 국제PEN은 한 국가 안에서나 또는 세계 여러 나라에서 사상의 교류가 상호 방해 받지 않는다는 원칙을 준수하며, PEN 회원들은 각자 국가나 지역사회에서 어떤 형태로든 표현의 자유를 억압하는 데 반대할 것을 선언한다. 또한, PEN은 출판 및 언론의 자유를 주창하며 평화시의 부당한 검열을 거부한다. 아울러 PEN은 정치와 경제의 올바른 질서를 지향하기 위해 정부, 행정기관, 제도권에 대한 자유로운 비판이 필수적이고 긴요하다는 사실을 확신한다. 이와 함께 PEN 회원들은 출판 및 언론 자유의 오용을 배격하며, 특정 정치 세력이나 개인의 부당한 목적을 위해 사실을 왜곡하는 언론 자유의 해악을 경계한다.

이러한 목적에 동의하는 모든 자격 있는 작가들, 편집자들, 번역가들은 그들의 국적, 언어, 종족, 피부 색깔 또는 종교에 관계없이 어느 누구라도 PEN 회원이 될 수 있다.

(사) 국제 PEN 한국본부 연혁

국제PEN본부는 1921년에 창립되어 2023년 3월까지 145개국 154개 센터가 회원으로 가입돼 있는 세계적인 문학단체이다. 국제PEN본부는 영국 런던에 본부를 두고 있으며 특히 UN 인권위원회와 유네스코 자문기구로 현재 전 세계 문인, 번역가, 편집인, 언론인들의 표현의 자유를 옹호하고 인권 문제를 다루고 있는 단체이다.

한국PEN은 1954년 9월 15일 변영로·주요섭·모윤숙·이헌구·김광섭·이무영·백철 선생 등이 발기하여 같은 해 10월 23일 당시 서울 소공동 소재 서울대학교 치과대학 강당에서 창립총회를 열고 국제펜클럽한국본부로 공식 출범하였다. 국제펜클럽한국본부는 그 이듬해인 1955년 6월 비엔나에서 열린 제27차 세계대회에서 정식회원국으로 가입하고 그해 7월에 인준을 받아 오늘에 이르렀으며 2024년 2월 현재 회원 수는 4,000여 명이다.

(사)국제PEN한국본부(International PEN Korea Center)는 역사와 권위를 자랑하는 국제적 문학단체로서 회원들의 양심과 소신에 따른 저항권과 표현의 자유를 옹호하고 구속 작가들의 인권문제를 다루며 한국의 우수 문학작품을 번역,

세계 각국에 널리 알리고 우리 민족의 고유문화와 전통문화 등을 해외에 소개하는 한편 세계 각국과 문화 교류 및 친선을 도모하는 데 주도적 역할을 담당하고 있다.

1954. 10. 23.	국제펜클럽한국본부 창립
1955.	제27차 국제PEN비엔나대회에서 회원국 가입
	『The Korean PEN』영문판 및 불어판 창간
1958.	국내 최초 번역문학상 제정
1964.	PEN 아시아 작가기금 지급(1970년 제6차까지)
1970.	제37차 국제PEN서울대회 개최(60개국 참가)
1975.	『PEN뉴스』창간. 이후 『PEN문학』으로 제호 변경
1978.	한국PEN문학상 제정
1988.	제52차 국제PEN서울대회 개최
1994.	제1회 국제문학심포지엄 개최
1996.	영문계간지 『KOREAN LITERATURE TODAY』창간
2001.	전국 각 시도 및 미주 등에 지역위원회 설치
2012. 9.	제78차 국제PEN경주대회 개최
2015. 9.	제1회 세계한글작가대회 개최
2016. 9.	제2회 세계한글작가대회 개최
2017. 9.	제3회 세계한글작가대회 개최
2018. 11. 6~9.	제4회 세계한글작가대회 개최
2018. 8. 22.	정관개정에 의해 국제PEN한국본부로 개명
2019. 2.	PEN번역원 창립
2019. 11. 12~15.	제5회 세계한글작가대회 개최
2020. 10. 20~22.	제6회 세계한글작가대회 개최
2021. 11. 2.~4.	제7회 세계한글작가대회 개최
2022. 11. 1.~4.	제8회 세계한글작가대회 개최
2023. 11. 14.~17.	제9회 세계한글작가대회 개최

국제 PEN 한국본부 창립 70주년
기념 선집을 발간하며

    국제PEN한국본부는 1954년에 창립되고 이듬해인 1955년 6월 오스트리아의 빈에서 열린 제27차 국제PEN세계대회에서 회원국으로 가입되었다. 초대 이사장은 변영로 선생이 맡고 창립을 주선했던 모윤숙 시인이 부이사장을 맡았다. 이하윤, 김광섭, 피천득, 이헌구 등과 함께 창립의 중심 역할을 했던 주요섭이 사무국장을 맡았다.

    6·25한국전쟁이 휴전된 지 겨우 1년이 되는 시점에 이루어 낸 국제PEN한국본부의 창립은 매우 깊은 의미를 담는 거사였다. 그동안 국제PEN한국본부는 세 차례의 국제PEN대회와 9회의 세계한글작가대회를 개최하며 수많은 국내외 행사를 주최해 왔다. 이에 올해 2024년에는 창립 70주년을 맞이하게 되어 그 기념사업의 일환으로 PEN 회원들의 작품 선집을 발간하기로 하였다.

    여러 가지 기념사업을 진행하지만 회원들의 주옥같은 작품집을 선집으로 집대성하여 남기는 일은 가장 중요하고 의미 있는 일이라 생각한다.

    시와 산문으로 구성되는 선집은 우리 한국문학사의 중요한 족적을 남기는 귀중한 역사 자료로서의 가치를 갖게 되리라고 믿으며 겸허한 마음으로 70주년을 자축하는 주요 사업으로 진행하게 된다.

    참여해 주신 회원들께 감사하며 어려운 여건 속에서도 기꺼이 출판을 맡아 준 기획출판 오름의 김태웅 대표와 도서출판 교음사의 강병욱 대표에게 심심한 감사를 드린다.

2024년 8월

국제PEN한국본부 이사장 직무대행 오경자

프롤로그

인생은 외로움과 함께 걷는 詩

 금방이라도 하늘을 쫙 갈라놓을 듯 먹구름을 헤집고 번갯불이 번쩍거리더니 성난 암사자처럼 우르릉 쾅쾅쾅 천둥소리가 새벽 단잠을 깨운다. 장대비 소리는 폭염을 어루만지나 여전히 고온다습한 장마의 7월은 참 힘들다.
 그러나 힘든 순간도 삶의 일부이니 감사한 마음으로 받아들여야 할 것이다. 인간의 삶이 100이라면 거의 70~90은 불안과 고통, 고뇌 속에 갇혀 살기 때문이다. 한평생 거의 3분의 2를 초과하는 시간이 즐거움보다는 괴로움 속에서 서성이고 있다고 봐도 과언이 아니다.
 이처럼 인간의 삶은 녹록하지 않기 때문에 많은 사람들은 예술을 통해서 위안을 얻고 희망을 다진다. 예술의 기저에는 인간 삶의 풍경에서 묻어나기 때문에 사람들은 문학, 그림, 음악, 무용 등 종합예술을 통해서 힘들고 지친 삶을 어루만지며 여러 가지 삶의 이유를 만들어 가며 당차게 살아가고 있다.
 시를 쓰는 가향은 10살에 염세주의에 대해 심취하였었고, 인간의 고뇌에 대하여, 위로에 대하여 사유하였었다. 그때부터 낙서장에 무언가를 끄적이며 마음을 스스로 위로하며 눈물을 훔친 기억이 있다.

이렇게 글을 쓰는 것에 눈을 떴다. 그러나 글을 쓸수록 더 우울해졌고, 성장하여서는 일상생활에 젖어 글 쓰는 일에 더 적극적이지 못했다. 그래도 생활하면서 느끼며 감동했던 것들을 여기저기 끄적여 놓은 덕분에 2013년도에 첫 시집 『비 오는 날에는 커피향이 더 좋다』, 2016년도에 『아직도 세상은 아름답다』 산문집을 출간하였다.

이때의 설렘으로 1~2년에 한 번씩은 책을 출간하리라 마음먹었으나 현실은 허락하지 않았다.

그랬더래도 계절이 바뀌거나 일상에서 감동을 받았거나, 괴롭고 힘든 일을 겪었을 때 끄적이는 습관은 틈틈이 글 집을 만들어 저장해 놓았다. 그리하여 첫 시집 출간이 후 강산이 한번 바뀌는 긴 시간의 터널을 건너 올해 제2의 시집 『우아한 행복』을 출간하게 되었다.

가향의 시는 참 단순하다, 미사여구도 많지 않다. 그냥 이웃집 아주머니가 들려주는 짧고 긴 이야기로 생각하고 읽어주면 편안할 것이다.

우리나라는 작가들이 참 많다. 그것은 인생을 사유하며 철학적이고 이성적인 사고를 겸비한 사람들이 많은 것이라고 긍정적 해석을 할 수 있다.

그러기에 남들이 쓴 글에도 고개를 끄덕이며 공감할 줄 아는 넓은 아량도 있을 것이라 사료 된다.

시란 무엇이며, 시인의 역할은 무엇인가? 라고 물었을 때 고명수 시인은 시란 "언어의 예술인 "문학의 꽃"이라고 표현했다. 마음의 생채기가 그득한 인간 삶의 풍경을 새로움에 초점을 놓고 눈에 보이지 않는 세계를 특수한 언어형식을 활용하여 눈에 보이게 드러내는 것이 시문학이다. 그리고 삼라만상은 인드라망으로 연결되어 인간의 정신과 영혼은 무한히 확장될 수 있음에도 분절화된 언어체계는 인간의 상상력을 차단하고 고정관념으로 고착시킨다. 이러한 고정관념의 벽을 깨고 그 태초의 무한한 의미의 세계로 환원시키는 역할을 하는 사람이 시인이며, 시인은 우리가 잃어버렸던 생활과 정신의 자유를 되찾아 준다."라고 하였다.

한 사람의 따뜻한 시심, 올바른 사상과 철학이 전해져 그 누군가를 깨닫게 한다면, 또는 감동을 주고 희망을 주었다면 시인의 의무와 역할을 했다고 볼 수 있다.

인간은 실로 미약하고 외로운 존재다. 그래서 정호승 시인은 "울지마라"고 했다. "외로우니까 사람이다. 살아간다는 것은 외로움을 견디는 일이다"라고 〈수선화에게〉 말했다.

고령사회로 접어든 우리나라의 현실을 보면 홀로 사는 어르신들이 우후죽순 늘어 나고 있다. 결국 인간은 외로움도 홀로 극복하고 홀로 가는 길에 익숙해질 것이다.

이렇게 외로운 분들에게 가향의 소탈하고 꾸밈없는 글이 감동을 주고 행복한 삶을 곤추세울 수 있는 기회가 주어지길 기대해 본다. 아울러 『우아한 행복』을 오월의 신부처럼 아름답게 기획 편집 해주신 기획출판 오름 김태웅 대표님께 감사의 말씀을 전한다.

2024년 7월 가향의 서재에서 이영숙

차례

국제PEN헌장 / (사)국제PEN한국본부 연혁
국제PEN한국본부 창립 70주년 기념 선집 발간사

009 _ 프롤로그

1부 _ 감사의 산물

021 _ 웃음 벌기
022 _ 웃음 조미료
024 _ 그리움
025 _ 궁금증
026 _ 묵은 하루
027 _ 언제 한번
028 _ 잠깐이여
030 _ 또~ 아침
031 _ 무無
032 _ 감사의 산물
034 _ 발렌타인 데이 valentine day
035 _ 기적
036 _ 기우杞憂
037 _ 이 순간
038 _ 자존감
039 _ 진리
040 _ 거짓
041 _ 눈물
042 _ 지금

043 _ 엄마와 여자
044 _ 약속
046 _ 농한기
047 _ 여백의 조력자

2부 _ 우아한 행복

051 _ 시간 밟기
052 _ 참 좋은 곳
054 _ 세 친구
056 _ 감사한 이유
058 _ 구름 무희
059 _ 환호
060 _ 긍정의 여유
061 _ 세월
062 _ 때
063 _ 의문
064 _ 건강론
065 _ 너와 나
066 _ 답답한 사람들
067 _ 첫 시집
068 _ 삶의 저편
070 _ 인생의 정답은?

072 _ 니코틴 향 섬유유연제
074 _ 우아한 행복
076 _ 여수 밤바다
078 _ 아이들 눈빛
079 _ 살다 힘들면
080 _ 타인의 거울
081 _ 비싼 옷과 값싼 옷

3부 _ 공생

085 _ 마늘잎 풍선
086 _ 시詩의 영토嶺土
088 _ 당신은 참 감사한 사람입니다
090 _ 지금처럼만
092 _ 내 고향 추석
093 _ 기다림
094 _ 아들을 위하여
096 _ 아들 군입대 하던 날
098 _ 명상
099 _ 눈을 감으면
100 _ 작은 실천
102 _ 관용
103 _ 삶의 환희
104 _ 공생共生

106 _ 인간의 길
107 _ 연대책임
108 _ 호국영령님들을 기리며
110 _ 코로나19의 시간들
112 _ 원격수업의 날
114 _ 코로나19 (COVID-19) 가 보낸 메시지
116 _ 약해지지 말자
117 _ 푸른 신호등
118 _ 우울한 세상의 꿈

4부 _ 프리지아 꽃을 본 여인

123 _ 봄이 오려나 보다
124 _ 立春大吉 建陽多慶
126 _ 환영해요~ 봄
127 _ 봄비
128 _ 아~봄!
129 _ 봄을 봄
130 _ 봄 소풍
132 _ 홍삼 마신 봄
133 _ 이 봄에야
134 _ 동춘당의 봄
136 _ 봄의 수채화
138 _ 프리지아 꽃을 본 여인

139 _ 오월

140 _ 오월의 중천

142 _ 오! 9월

143 _ 처서 1

144 _ 처서 2

146 _ 가을의 열쇠 광복절

148 _ 가을맞이

149 _ 가을의 씨앗

150 _ 낙엽

152 _ 초初 시월

154 _ 고향의 가을

156 _ 만추

158 _ 가을 막걸리

159 _ 그 겨울의 들판

160 _ 12월의 마음만 같아라

162 _ 하얀 12월

164 _ 눈 내리는 날

165 _ 새해의 기도

166 _ 설날 아침

5부 _ 떡 방앗간 집 아들 '미니미니' [수필시]

169 _ 보름달

172 _ 결혼예식장

174 _ 인생은 아름다워
176 _ 무
178 _ 아버지와 어머니
180 _ 원혼冤魂
182 _ 모닥불
184 _ 슬픔의 덫
186 _ 숨바꼭질
188 _ 떡 방앗간 집 아들 '미니미니'
193 _ 간절하고 애끓는 상상

197 _ 에필로그

1부
감사의 산물

깊은 밤 어둠을 쫓는
순백의 달님
뒹굴뒹굴 아침 늦잠
하품이 달콤하다.

웃음 벌기

신에게 받은 귀한 선물 웃음
화火,
짜증이란 놈에게 도둑맞지 않으면
돈 주고 사지 않아도 언제든 얻을 수 있는
화수분 같은 무한한 재산

화수분 같은 웃음 부자
가화만사성家和萬事成
태평성대太平聖代
위풍당당威風堂堂 행복이로다

웃음 탕진 웃음 가난
취생몽사醉生夢死 초로인생草露人生
절치부심切齒腐心
철천지원徹天之寃 후회로다

조미료 같은 웃음
향기로운 웃음
아름다운 웃음 모아
즐거운 행복 여미자
후회 없는 인생 담아내자

웃음 조미료

어느 노부부의 집
차~암 단조롭고 고요하다.
창살로 드나드는 바람도 햇살도
숨죽이는 평온함 속에서도
왠지 모를 쓸쓸함과 외로움이 서린다.
두 노인 어깨에 눈물이 고인다.

어느 날
그립고 보고팠던 자손들 방문
귀여운 손자들의 재롱
두 노인 어깨에 고인 눈물
어느새 맑고 즐거운 파안破顔
집안 곳곳 메아리치니
바람도 햇살도 환히 웃는다

창밖으로 울려 퍼지는
화창한 웃음소리 쉐킷쉐킷Shake it, shake it
메말랐던 사랑과 그리움의 조미료
맛깔스러운 행복 한 상 차려 낸다.

무한한 자산인 웃음
무료로 얼마든지
구입 할 수 있는 웃음

그 웃음 조미료
듬뿍듬뿍 뿌려 넣은
맛지고 멋있는 노년
자손들의 위안과 평화로다

그리움

차오르는 봄 햇살 목련을 바라보면서도
내 마음의 봄은
낙엽 우수수 가을바람에 흩날린다.

녹색의 화원 매미 소리
울창한 여름 앞에서도
내 마음의 여름은
찬 서리 내리고 함박눈 수북이 쌓인다.

불타오르는 가을 석양
멀찌감치 바라보면서도
내 마음의 가을은
아지랑이 새싹 병아리
봄꽃이 만개한다.

이팝꽃 눈보라
겨울 산 바라보면서도
내 마음의 겨울은
계절의 여왕 5월을 보듬는다

내 마음은 깊고 깊은 사계절
그리움이 항상 거기에 있다

궁금증

물이 시내로 흘러들면 시냇물이 되고
강으로 흘러들면 강물이 되고
바다로 흘러들면 바닷물이 된다.

우리 인생은 어디로 흘러가는가?
시냇물 인생인가?
강물 인생인가?
바닷물 인생인가?

묵은 하루

내 묵은 하루는
수정같이 맑고
아무도 밟지 않은
흰 눈처럼 깨끗한
희망의 오늘을 선물했다.

새 공책에
설렘 가득 정성껏
오늘 하루를 계획한다.

기쁨의 레시피를 써볼까?
슬픔의 레시피를 써볼까?

사랑의 옷을 재단할까?
행복의 옷을 재단할까?
감사의 옷을 재단할까?

아름다운 오늘
또 다른 묵은 하루가 되고
또 다른 오늘을 약속한다.

언제 한번

우연히 친구를 만났다.
오랜만이다
정말로 반갑다.
이런저런 안부를 묻다가
언제 한번 우리 밥 한번 먹자
약속해 놓고
1년이 후다닥 지나간다.

그러고는
어느 날 우연히 친구를
또 만난다.
두서없는 안부 수다
우리 진짜 언제 한번
밥 한번 먹자
그러고는
……

우리는
진짜 언제 한번 밥 한번
먹을 수 있을까?

잠깐이여*

어느 팔십 중반의 노인
젊은 남자에게 말을 건다.

자네는 올해 몇인가?
아~네
50 초반입니다.

잠깐이네~
나도 엊그제 같았는데
나를 보게나
잠깐이네, 잠깐이여

백조의 깃털처럼
유난한 흰머리
갈잎처럼 건조하고 메마른 얼굴
세월의 골 깊게 팬 주름진 손등
검버섯으로 에워싼 어두운 피부

아무리 하여도
그 푸르던 시절을
찾아볼 수 없는

팔십 중반 노인의 모습
인생은
일장춘몽一場春夢이로구나

* 이야의 방언

또~ 아침

아!
나는 또~
기적을 이루어냈구나

그래서
어젯밤 그렇게 열심히
숨 고르기를 했구나

아!
또~ 아침
참 소중하다.
참 감사하다.
참 고맙다.

무無

행복한 웃음도
불행의 눈물도
모두 다 흘러가더라.

영광스러웠던 순간도
괴로웠던 순간도
모두 다 지나가더라.

사랑의 기쁨도
이별의 슬픔도
모두 다 잊히어지더라.

감사의 산물

눈으로는
아름답고 수려한 세상 언제든지 볼 수 있고
그림과 영화, 자유로이 관람하며 인생의 여유 누린다.

코로는
맑은 공기 마시며 썩은 마음을 씻고
맛있는 음식 냄새 맡으며 식욕을 돋고
아름다운 꽃들의 보드라운 향기 마시며
머릿속의 찌든 생각 정화한다.

입으로는
음식을 맛있게 먹고 온몸에 영양을 전달하며
누군가에게 슬픔을 위로하는,
박장대소 기쁨을 축하하는 언어로
대인관계의 오작교 역할을 한다.

귀로는
아름다운 음악, 가족들의 따스한 음성
자유롭게 들을 수 있으며
수화 없는 TV 소리 맘껏 들을 수 있다

두 손으로는
글씨 쓰고 요리하고 빨래하며
무엇이든 만들 수 있고, 만질 수 있고
기쁠 때 환호의 박수치며 열정을 누린다.

두 발로는
걷고 달리고 공차기하며
자유로이 어디든 나다니며 세상을 누린다.

이목구비수족의
활발한 움직임
당연함이 아닌
감사의 기적이다.

발렌타인 데이 valentine day

청춘남녀의
뜨거운 사랑의 빛깔로
만들어진 달콤한 초콜릿

예쁘고
아름다운 마음으로
포장한 정성의 햇불에
사랑은 불타오르고

마침내
사랑의 올림픽
경기가 시작된다.

기적

오늘도
나는
힘껏 태양을 안는다
뼛속 깊이 바람을 마신다.
하루를 돌아보며 경건한 밤을 맞이한다.
밤하늘의 별을 보고 달을 보며 그리움에 젖는다.
구름을 타고 먼 하늘을 비상한다.

잃어버린 꿈을 향하여
놓아버린 희망을 찾기 위하여
내 삶의 기적을 이루기 위하여
진저리 치며 기적의 창조자를 맞이한다.

기우 杞憂

올해 핀 꽃들이
내년에 다시 필 꽃을 위하여
걱정하지 않는다
다만 씨앗을 남길 뿐이고

오로지 지금 계절에 맞는
꽃을 피우기 위하여
낮과 밤을 경건히 맞이하고
태양 바람 비
자연의 섭리에 순응할 뿐이다.

일어나지 않을 일에
미리부터 걱정하는 것
매우 어리석음이란 것을
꽃은 말한다.

이 순간

수많은 사람들이 죽어 나갔다.
전쟁으로 사고로 병으로

그러나 나는 아직 살아있다.
이것은 기적이다.
지금 시를 쓰는 이 순간
나는 기적을 만들고 있다.

자존감

마른나무 가지가 쉽게 꺾이는 것처럼
자존감이 없는 사람은 자신을 지킬 수 없다

자존감에 지혜의 수분, 성실의 비타민
사랑과 감사의 영양식품
균형 섭취로
자존감을 살찌우자

진리

진실은 반드시
거짓을 이긴다.

그것은 하늘이 알고
땅이 알고
바람이 알고
나무가 알고
꽃이 알고

스스로 아는
양심의 수호신이
있기 때문이다.

거짓

나의
기쁨에
즐거움에
평화에
행복에

남의 고통이 더해졌다면
남의 눈물이 묻어있다면

그것은 거짓이다.
그것은 거짓이다.

눈물

흐르고 흘러
흐르고 흐르니
밀물처럼 사랑이 밀려옵니다

흐르고 또 흐르니
공허하고 메마른 마음 꽉 채웁니다.

자꾸자꾸 흘러내리더니
갑자기 더욱 살고 싶어집니다
삶의 이유가 떠오릅니다.

지금

사람들은 때때로
내일이 있다고
미래가 있다고
오늘을 소홀히 한다.
지금을 간과한다.

그러나

인생에서 가장 중요하고
소중하게 느껴야 할 시간은
지금
지금이다

미래는 예측할 수도
믿을 수도 없으니까

엄마와 여자

엄마는 희생을 전혀
마다하지 않지만
여자는 희생을
마다하기도 한다.

엄마는 무조건
사랑하지만
여자는 계산된
사랑을 하기도 한다,

엄마는 쓴 것을
당연히 삼키지만
여자는 단맛을
더 좋아한다.

약속

아주아주 오래전

우린 이미 약속되어 있었지
김빈은 정예경 신랑
정예경은 김빈 신부

우린 이미 약속되어 있었지
당신의 손에 내 손을 포개고
당신의 발에 내 발을 맞추어
이 한세상 함께 주유하리라

우린 이미 약속되어 있었지
세상 모든 부부들이
부러워하고 선망하는
한 쌍의 원앙 같은
모범 부부가 되리라

우린 이미 약속되어 있었지
온 인류의 아가들이 소원하는
자상하고 훌륭한 아버지
가없는 사랑 지고지순한 어머니가 되리라

우린 이미 약속되어 있었지
자연과 인간
인간과 인간의 관계에서
숭고한 사랑을 펼치며
온 인류를 아름답게 만드는
그런 사람들이 될 것이라

자~자~
지금부터 시작이야.
2021년 12월 18일
토요일 오후 3시

      - 조카 결혼 축시

농한기

어머니 장독대에 소복이 쌓인 눈
앞마당 아궁이 장작불 군고구마
구수하고 한가한 겨울 마당 평화롭다
문설주에 기댄 동장군도 노기를 푼다.

사랑방 농부님네
오랜만에 무거운 어깨짐 내려놓고
도란도란 긴 밤 낚아
고단함을 달랜다.

깊은 밤 어둠을 쫓는
순백의 달님
뒹굴뒹굴 아침 늦잠
하품이 달콤하다.

여백의 조력자

사계절 변함없이
푸른 소나무처럼

매일매일
누군가에게
따사로운 안부를 묻고
이룰 수 있는 꿈을 심어주고
밝은 미래의 희망을 상기시켜 주고
굽힐 줄 모르는 용기를 주고
불끈불끈 일어나는 힘을 실어주고
지순한 감사의 마음을 불러일으키고
포기하지 않는 불굴의 끈기를 지지해 주고
녹슬지 않는 사랑과 봉사 정신을 일깨워주며

인생의 여백을 채우고 싶다.

2부

우아한 행복

거창하지 않지만
쏠쏠한 행복이다
화려하지 않지만
우아한 행복이다.

시간 밟기

오늘도 눈가에 내린
시간을 부스스 비비며
장렬한 아침을 맞이하였다.

봄이 되면
보리가 뿌리를
잘 내리도록
밟아 주듯

멋지고 아름다운 인생
굳건히 뿌리내리도록
주어진 24시간
오늘도 정성껏
촘촘히 밟아본다.

슬픔도 괴로움도
꼭꼭, 꾹꾹 짓밟으며
즐거운 행복 내리도록
하염없이 시간을 모은다.

참 좋은 곳

산 좋고 물 좋고
우리 사는 세상
안 좋은 곳이 어디 있으랴

하늘 푸르고 구름 높아
설레는 아지랑이
싱그러운 봄바람 풀 내음

초록 물결 너울대는
농부들의 땀방울
매미 소리 한가로운 외갓집 뜨락

이산 저산
황홀한 노을 단풍
가을바람 익어가는
너른 들판의 여유

찬바람 호호
연인들의 달콤한
루미나리에*
뽀드득, 뽀드득

겨울 산 백설의 낭만

우리 사는 세상
안 좋은 곳이 어디 있으랴

* 루미나리에(luminarie): 색깔과 크기가 다른 전구 또는 전등을 이용하
여 화려하고 환상적인 분위기를 연출하는 조명 건축물 축제

세 친구

현재는
미래의 시간을 빼앗아
과거를 만들고 있다.

미래를 향하여 갈수록
과거의 시간은 길어지고 있다.

그러나
과거의 시간
사용하지 못함에
통탄할 일이 아닌가...

현재의 리더
과거를 거울삼아
미래를 조정하고
후회하지 않는 시간을 만드는
과제를 안고 있다.

과거와 미래는 멀리 있지 않다.
어제와 오늘, 내일
바로 곁에, 옆에 있다.

과거
현재
미래
우리들의 세 친구
우리의 인생을 아우른다.

감사한 이유

두 눈 멀쩡하고
두 콧구멍으로
숨 쉬는 데 지장支障 없다.

입으로 똑바로
말할 수 있고
두 귀로 듣는 데
지장支障 없다.

두 손, 두 발이
자유로우며
두뇌로 생각하는 데
걸림돌이 없다.

한결같은 마음으로
감정을 느끼며
이성理性을
통제할 수 있다.

건강한 신체
건강한 정신
당연한 것 같지만

당연하지 않을 때가
있기 때문이다.

구름 무희

해맑은 푸른 하늘 무대 삼은
뭉게구름, 양떼구름 무희들
엎드려 절규한다.

곱게 곱게 빗어 넘긴
긴 머리 풀어 헤치며
이글이글 붉은 태양
광활한 하늘에 포효한다.

아수라장
인간들의 세상
구원의 갈망인가?
평화의 기도인가?

환호

아이의 천연한 미소와
찬란한 생명의 시작
봄의 새싹을 맞이하며

봄, 여름, 가을, 겨울
계절이 바뀌는
하늘을 우러러보며.

삶의 열정과
삶의 이유가
행복이며 기쁨일 때
환호할 수밖에 없다.

환호한다는 것은
내가 살아 있다는 것을
세상에 알리는 일이며
인류의 에너지이며 기적이다.

긍정의 여유

하루가 넉넉하다.
한 달이 여유롭다.
일 년이 풍요롭다.
인생이 낭만이다.

마음이 흡족하다.
아름다움이 향기롭다.
즐거움이 복스럽다.
가쁨이 넘쳐난다.

평화로움이 보인다.
보람찬 삶이 보인다.
행복으로 스며든다.

세월

조카에게
전화를 걸었다.
전화기 너머로 흐르는 목소리
중후한 중년의 신사 모습

세상모르던 유아기
골수염 앓으며
사경을 헤맸던
그 아기가 이제 불혹의 나이

나의 모습을 잊은 채
'어이쿠~
내 조카가 중년이 다 되었네'
중얼거리다 멈칫

오~메*
나도 어느덧 환갑이 지난 할머니
박장하며 세월을 툭 친다.

* '어머'의 경남 방언

때

아이스크림을
녹기 전에 먹어야 하듯

멋진 인생 누리려면
때를 놓치지 말아야 한다.

의문

포장지가
아름답고 예쁘다고

속 내용이 꼭
아름답고 예쁠까?

건강론

진정한 건강은

자신에게 닥치는
험난한 고난을

결코,
두려워하지 않는
마음이다.

너와 나

어둠이 내릴 때
빛의 고마움을 알고

슬픔을 느껴야만
기쁨의 참맛을 안다.

긴 가뭄에 허덕여야만
비가 오는 것이 고맙고

배고픔의 진통을 느껴야만
음식이 소중한 것을 안다.

답답한 사람들
— 미투운동을 바라보며

사람들은
왜 진실을 말하지 않는 것일까?
왜 어둠의 동굴을 스스로 파는 것일까?
왜 그럴 수밖에 없는 것일까?

사람들은
왜 거짓을 좋아하는 것일까?
왜 거짓을 위해 모험을 하는 것일까?
왜 거짓을 위한 거짓 행동을 스스럼없이 하는 것일까?

사람들은
왜 언젠가는 진실이 빛으로 분화되는 것을 모르는 것일까?
왜 진실만이 승리한다는 것을 모르는 것일까?
왜 진실만이 순리라는 것을 깨닫지 못하는 것일까?

사람들은 왜
왜
왜
진실만이 인간의 정도正道라는 것을 모르는 것일까?

첫 시집

집도 없이 여기저기
낙서장에서 노숙하던
나의 사랑하는 시詩들에게
집 하나 지어주었다
그 시집의 문패는
"비 오는 날에는 커피 향이 더 좋다."

이 시집에
많은 독자들이 방문하여
메마른 삶에 물을 뿌리고
아픈 상처 동여매고
괴로움과 슬픔 토해냈으면
참 좋겠다.

첫 시집에게
신비로운 세상에서의 존재
슬기롭고 아름답게 살아가는 삶의 지혜
행복한 인생 꾸리는 사랑하는 마음
그리고 감사와 겸손의 마음
많은 사람들에게 전도하라 명하였다.

삶의 저편

빚보증 선 부모님이 부끄럽다.
남편이 친구 남편보다 못난 것 같다.
자식이 부모 마음대로 안 된다.

사업이 안되어 돈을 모두 잃었다.
음해를 겪고 누명을 썼다.
기다리던 승진은 안 되고 좌천되었다.
다리 골절로 장애를 얻었다.

몸이 많이 아프다.
인생이 괴롭고 힘들다
죽을 것 같다고
긴 한숨 내몰던 시간
그 시간 들

어느 날 곰곰 되돌아보니
어려웠던 순간에도
행복은 땡땡이* 묻어있었더라
어두운 밤에나 별빛이 반짝거리듯

위기의 기회
극복의 환희
그렇게 행복은 항상 곁에 있었더라

* 땡땡이 : 물방울무늬

인생의 정답은?

인생의 정답이 무엇일까?
아는 사람?

석가모니
공자
소크라테스
예수
소위 인류의 4대 성인에
드는 분들도 정답을 알지 못했다.

인간의 어깨에 살며시
둘러싸인 외로움과 쓸쓸함
궁금증, 의구심 가득 어린 눈동자
한평생 밀물처럼 썰물처럼
이리저리 떠밀려 살다가
그 어떤 해답도 얻지 못한 채

깊어가는 밤하늘의 달과 별에게
고단한 눈물의 그리움만 남기고
바람 따라 구름 따라
연기처럼 흩어진다.

인생의 시험지에
'바로~ 이것이야!'
명쾌한 답변을 쓰지 못하고
영원한 미궁 속에서
인류의 인생들이 구불구불
미로에서 헤매고 있다.

니코틴 향 섬유유연제

아내의 대퇴부大腿部가 골절되었던
그 어느 날
집안일엔 도통 관심 없던 남편이 변했다.
아내를 위해 빨래와 연인 된 지
어언 20년

그러나 그때마다
부부는 빨래 때문에 티격태격
담배 꼬나물고
빨래를 만지는 남편의 니코틴 손
아내의 싸늘한 냉기가 베란다를 훑긴다.

빨래를 건조기에 넣으래도
아이처럼 히죽히죽
바지랑대에 일일이 불통 고집을 넌다.
조소嘲笑 가득 아랑곳없이
너구리를 잡는다
니코틴 향 하늘하늘 춤을 춘다.

라벤더, 허브, 피오니 부케
미모사, 니코틴 향이 배합된

세계 유일무이한 제품
우리 집 섬유유연제

끈끈하고 구역嘔逆한
니코틴 향기 쫓아
온종일 들락날락 분주한
애연가 남편이 만든 걸작

우아한 행복

한강 둔치
초순의 6월 오후
흰 구름 뭉게뭉게 고요한 하늘
바람의 노래 박수하며
푸른 빛 출렁이는 한강 물결
사랑하는 가족들과 바라보나니
행복한 설렘 눈이 부시다.

피크닉 가방
삼삼오오 떼 지어 몰려드는
물결 같은 사람들의 경쾌한 미소
강바람에 흩날리는 즐거운 머릿결
그들을 바라보는
지금 이순간 참 행복하다.

먼지같이 떠다니는
삶의 고뇌도
눈물 젖은 고독
쓸쓸한 그리움도
모두 사른 채

호활浩闊한 한강의 여유를 바라보며
즐거움 만끽하는 지금 이 순간

거창하지 않지만
쏠쏠한 행복이다
화려하지 않지만
우아한 행복이다.

여수 밤바다

10월의 여명이 밝아질 무렵
어디로든 그냥 무작정 날고 싶었다
딸의 애마 포드
우리 가족 7명 등에 업고
엔진을 밟았다.
아~아 여수다 여수

무지개처럼 아련하고 속 깊은 가을날
하늘도 바람도 태양의 숨결도
모두 내려앉은 고요한 여수 밤바다
은하의 별빛이 흐른다.
어둠에 불빛이 고인다.
야경에 스민다~ 야경에 스민다.

인간들의 고뇌와 한숨
밤바다 야경의 환호 속에 스러진다.
이리저리 뒤엉킨 삶의 올가미
한올 한올 풀어내며
눈물 한 모금 마신다.
다시금 희망을 품는다.

내일은 그저
그저
모든 인생들이 편안해졌으면 참 좋겠다.
어둠이 있어야 불빛이 밝아지듯이
어둠이 있어야 야경이 아름답듯이

아이들 눈빛

중천의 태양이
아무리 강렬해도
밤하늘 별빛이
제아무리 반짝거려도
아이들 눈빛만 하랴.

정수된 물이
아무리 맑다 해도
백설기처럼
곱디고운 흰 눈이라도
아이들 눈빛만 하랴.

신비롭고 신기루 같은
다이아몬드처럼
초롱초롱 빛나는
세상 모두 다 품은 바다 같은
미지의 세계가 가득 담긴
아이들 눈빛

인류의 꿈이요 희망이요
이 세상 제일이어라

살다 힘들면

살다 힘들면
샤방샤방, 샤랄라
예쁘게 꾸며보자
아름다운 꽃 쓰다듬으며
미소 지어보자

살다 힘들면
룰루랄라, 랄랄라
콧노래 불러보자
들로 숲으로 뛰어나가
파란 하늘 안아보자

살다 힘들면
사랑하는 가족 생각하며
사랑을 느껴 보자
삶의 이유 부추기자
살다 힘들면…

타인의 거울

어떤 시행착오를 겪고 있으면서도
감지하지 못했던 우매함
마음을 비우고 멈추게 되니 보이더라.

아! 정말로 내가?
아하? 그랬었구나
참으로 미련했구나
진짜로 바보 같았구나

비우고 멈출 수 있었던 것
그것은 나를 닮은 타인이
거울 되어 나타났기 때문이었다.

참-나를
되돌아볼 수 있는
타인의 거울
그것은 마음의 거울
날마다 반짝반짝 닦으며
깊게 깊게 들여다보자.

비싼 옷과 값싼 옷

비싼 옷은
아깝다고 아끼며
안 입고 장롱 속에 걸어두니
우물 안 개구리

값싼 옷은
단지~ 값이 싸서
편하다는 이유로
세상을 활보한다.

그렇게
비싼 옷은
주인의 잘못된 사랑으로
세상 구경 한 번 제대로 못 하고
어두운 장롱 속에서 늙어간다.

값싼 옷은
비록 값이 싸지만
날마다 주인에게 선택되고
세상의 진솔한 삶 추구하는
친구들이 많아 참 행복하다.

3부
공생

자연과 인간
인간과 인간
인간과 자연
인류의 모든 것들은
그 누군가를 위하여
그 무엇을 하고 있었다.

마늘잎 풍선

내 고향 젊은 아버지
마늘잎 풍선 타고 저기 오시네
아 ~ 아 반갑고 또 반가워라.

유년의 친구들도
고향의 이웃들도
신작로 흙먼지 폴폴 날리며
마늘잎 풍선 타고 여기 왔네

마늘잎 풍선에 드리워진
고향의 붉은 노을
밤새 나를 따라다니던 달님
종다리 따라 오르던 푸른 언덕
겨울 햇살 모으며
동생들과 눈싸움하던 뜨락

그 푸른 언덕
그 뜨락이 그립다.
하늘 계신 아버지
사무치게 그립다
다정하고 인정 많던
그 이웃들이 그립다.

시詩의 영토嶺土

아름다운 장미꽃의
향기로운 설렘

은하에 반짝이는 별빛을 보며
하나, 둘, 그리움을 세는
그 별빛들

가을 낙엽 쓸쓸하고
스산한 바람 눈물 되는
그 가을

겨울의 첫눈
나눔의 따스한 향기
연인들의 절절한 사랑

인생의 고뇌
고독 아픔 쓰라림
슬픔 쓸쓸함
괴로움,

가슴 뭉클 꿈이 자라고
새 희망 물결의 감사함
다시금 용기를 거머쥘 수 있는
그 인생

당신은 참 감사한 사람입니다

누구나 인생길은 멀고도 험합니다
갈피를 잡을 수 없는 협곡도 지나야 하고
매서운 바람 휘몰아치는 허허벌판
쓸쓸히 홀로 걸어야 할 때도 있고
하염없는 긴 강을 맥없이 건너야 하고
깊고 어두운 동굴에서
빛을 찾아 헤매기도 합니다

심장을 조여오는 유리 다리
협곡을 건너야 할 때
공포를 차단하는 신의 음성을 가진 당신

허허벌판에서 외로움에 떨고 있을 때
자신의 모자와 목도리를 아낌없이 내어주는
어머니 같은 포근한 손길을 가진 당신

인생의 아픈 강을 건너야 할 때
곁에서 묵묵히 눈물 닦아주며
위로의 노를 저어주는 사공의 마음 지닌 당신

인생의 어두운 골목에서
빛을 토해내는 사랑의 등불로
용솟음치는 당신

그런 당신은 참 감사한 사람입니다
당신이 있어
내 인생도 참 감사합니다

지금처럼만

나는
나를 사랑할 줄 안다.
남도 사랑할 줄 안다.
나를 배려하며 남도 배려할 줄 안다.
나를 존중하며 남도 존중할 줄 안다.

나는
나의 아픔에 눈물이 마르도록 울 줄도 안다.
남의 아픔에 어깨를 끌어안고 함께 울어주기도 한다.
나의 기쁨에 감사할 줄 안다.
그리고 남의 기쁨도 내 일처럼 기뻐하며 감사할 줄 안다.

나는
가족을 사랑한다.
남편의 얼굴도 알아보고
자식의 얼굴도 알아본다.
식사도 균형 있게 하고
천지분간 할 줄 안다.

눈물의 강약을 조절하고
웃음의 강약을 조절하며

절도 있는 내가 여기 항상 있길 소망한다.
지금의 나처럼 끝까지 살다가 후회 없이 떠나고 싶다

가족들이 나 때문에
염려하고 고통받지 않는 삶을 위하여
그날까지 지금의 나처럼 살고자
간절히 기도한다.

내 고향 추석

영창 사이사이 한가롭고 풍성한 달빛 섬
머리맡에 추석빔 소녀의 밤 설렌다.
싸리문 앞 백진도 멍멍멍, 귀뚜리 귀뚤귀뚤
서울 아들 기다리는 팔순 노모와 함께
모가지 길게 빼고 동구 밖 바라본다.

마당 가득 여울진 솔 내음 물결
가족 덕담 송편 소
이 모양 저 모양 송편 익어가는 소리
오랜만에 만난 가족들의 이야기꽃
괴롭고 슬펐던 냉랭한 시간 들이 녹는다.

덕담 가득 행복한 가족들의 미소
동기간 사랑 따사롭다.
기쁨이 박장拍掌한다.
풀벌레도 달빛 따라 환하게 웃는다.

새하얀 수국 같은 팔월 보름달
휘영청 휘영청 어둠을 사르니
느긋한 가을의 풍요가 익는다.
변치 않는 어머니 사랑처럼 푸근하다.

기다림

일 년을 기다린다.
또 일 년을 기다린다.
뿌리가 살아 있는 한
나는 일 년에 한 번씩 꽃을 피운다.

목련 개나리 벚꽃이 피었다.
원추리 맨드라미 봉숭아가 피었다.
코스모스 국화 구절초가 피었다.
동백 팔레놉시스 군자란이 피었다.

꽃을 피우기 위한
자연의 감정
인생의 기다림
인류 역사의 흐름이었다.

아들을 위하여

아들의 환하고 밝은 얼굴 그리며
오늘도 엄마는 기도한다.

측은지심이 특별하여
남을 존중하는 마음이 풍성하고
배려심이 깊어 남에게
든든한 위로가 되어주며

남의 슬픔과 괴로움을
기꺼이 함께 나눌 줄 알며
남의 기쁨과 성공을
자신의 일처럼 기뻐해 주고
축복하며 감사할 줄 알며

부모에게 효도하고
웃어른 공경을 당연히 여기면서
조카들을 진정으로 사랑하며
자신을 희생하여 돌볼 줄 알고
친인척 가족과 친구들을
따뜻한 마음과 사랑으로 대해주는 아들

그런 내 아들에게
긴 겨울 기다렸던 따사로운 봄 햇살처럼
긴 가뭄의 메마른 땅을 촉촉이 적시는 단비처럼
철마다 사람들에게 아름다움 선물하는 예쁜 꽃처럼

누구에게나 항상 반갑고
소중한 사람이 되라고 기도한다.
늘 변함없이 푸른 소나무처럼
건강하라고 기도한다.
어느 곳에서든
꼭 필요한 사람이 되라고 기도한다.

사랑하는 나의 아들에게

아들 군입대 하던 날

날카롭고 매섭던 동장군도
아들 입대하던 날에는
통통 여문 햇살 선물하며
격려의 박수 보낸다.
맑은 웃음 지으며
하늘도 환영한다.

아마도 부모·자식 간의
이별을 위로하는가 보다.
경기도 의정부 306보충대 연병장
입영장정 앞세우고
삼삼오오 이별의 눈물
희뿌연 먼지 씻어 내리며
건강과 안녕을 기원한다.

인간의 탄생!
어머니의 아기집에서 한 몸 되어 살다가
탯줄을 끊어내는 이별로부터 시작된다.
그래서 인생은 이별의 연속이던가

탯줄을 끊어내야만 아기로 탄생하는
첫 번째 이별의 축복처럼
진짜 사나이로 태어나기 위한
제2의 탯줄을 끊어내는
입영의 날도 축복이기를 소망하지만

장정들의 세상에
아들을 위탁하고
집으로 돌아오는 길
서녘에 걸친 석양이
참으로 구슬프구나
    – 2014년 1월 14일 아들 군입대를 배웅하면서

명상

코끝이 빨개지는 삭막한 겨울날
진달래, 개나리, 산수유를 명상하자
겨울에도 온갖 봄꽃을 볼 수 있다.

명상에 잠기면
소나기 후 무지개를 보고
메타세콰이어 사이로
흐르는 금빛 햇살도 볼 수 있다.

명상에 잠기면
푸른 초목에서
가을 단풍잎을 보고
풍요로운 오곡백과를 담을 수 있다.

명상에 잠기면
군고구마 눈꽃이 구수하고
꿀단지 홍시의 단맛에
행복하기도 하다.

명상에 잠기면
나는 온 계절을 다 볼 수 있는
신선이 된다.

눈을 감으면

눈을 감으면
지난날 그림자가 따라옵니다
나의 선행의 그림자와
나의 잘못된 행동의
그림자가 따라옵니다

눈을 감으면
기쁨과 슬픔,
행복과 불행이
전부 다 보입니다
후회의 눈물이
마음의 우수관에 고입니다

눈을 감으면
그때 그 시절
추억에 사무칩니다
간절한 그리움이
심박深博하게 보입니다

작은 실천

나눔은 큰돈을 들여야만
가치 있는 것이 아닙니다
남을 위하여 봉사하고 희생하려는
작은 실천의 마음입니다

배려는 거창한 행동을 해야만
하는 것이 아닙니다
측은지심 수오지심 사양지심 시비지심
4단을 갖춘 사소한 행동과 작은 실천입니다.

존중도 거창한 것이 아닙니다
풀 한 포기 사랑하는 마음
동물을 사랑하는 마음
환경을 사랑하는 마음
이러한 마음의 작은 실천입니다.

겸손 또한 거창한 행동이 아닙니다
물 한 모금 마셔도 감사하는 마음
이웃의 작은 선행에도 크게 감사하는 마음
항상 "당신 덕분입니다"라고 외칠 수 있는 마음

이러한 것들의 작은 실천이
인생을 아름답게 수놓습니다

관용

어떤 것들은
상상 그대로가 좋다

어떤 것들은
굳이 알려고 하지 않는 것이 좋다

어떤 것들은
진실을 꼭 확인하지 않아도 된다.

어떤 것들은
그냥 그대로 두는 것도 좋다.

어떤 것들은
정처 없이 흘러가도록 무심한 것도 좋다

어떤 것들은
힘들더라도 수용하며 아량을 베푸는 것도 좋다.

그 어떤 것들에 의한
인생의 여유로움
내 안의 평안이며
인류의 평화이다.

삶의 환희

살아 있다는 것은
버들강아지 봄 내음처럼
설렘 가득한 것이다
녹색의 화원에 쏟아지는
정열의 태양처럼
눈이 부신 것이다

살아 있다는 것은
홍시 같은 가을처럼
너른 들녘의 풍요처럼
신비롭고 숙연한 것이다
눈 내리는 겨울 골목길
외로이 졸고 있는 가로등처럼
처연한 그리움을 쏟아내는 것이다

살아 있다는 것은
도란도란 인생 이야기
하염없이 풀어내는 것이다
새벽 여명처럼
날마다 날마다
기적을 이루는 것이다

공생 共生

어느 날 갑자기
생각하니
내가 하지 않는 일을
그 누군가가 하고 있다는 것을
새삼 깨달았다.

그 누군가의
꿈,
열정,
희망,
노동,
노력,
희생,
봉사,
감사,
용서,
사랑 등등,
그러한 것들이 세상을 움직이고 있었다.

인류의 영속을 위하여
자연과 자연

자연과 인간
인간과 인간
인간과 자연
인류의 모든 것들은
그 누군가를 위하여
그 무엇을 하고 있었다.

세상의 모든 것들은
그 누군가에 속한
공생관계

인간의 길

가고 싶지 않아도 갈 수밖에
가고 싶어도 가지 못하는
하고 싶지 않아도 해야만 하는
하고 싶어도 하지 못하는 것

내가 정했던 길이던
내가 정하지 않았던 길이던
날마다 시간이 잡아당기는 대로
걸어갈 수밖에 없다.
그렇게 흐르고
그렇게 떠나는 것

떠나고 싶지 않아도
떠날 수밖에 없는
인간의 길!!!

연대책임

나는 자신을
스스로 지키지 못한
나에 대한 가해자

질서와 배려
겸손과 존중
무시한 우리들은
모두에게 가해자

우리 모두는
무질서, 무배려
무존중, 무겸손
무자숙의 피해자

우리들은 서로서로
가해자와 피해자

- 2022년 10월 29일 22시 30분 이태원 압사 사고를 접하며
삼가 고인들의 명복을 간절히 빕니다

호국영령님들을 기리며

6월 중천의 태양처럼
뜨거웠던 당신들의 열정
망설임 없던 투혼의 피와
총알받이 살점으로 편편이
수 놓아진 오늘입니다.

인생을 꽃피우지 못하고
젊음의 꽃으로 산화된
당신들의 주검을 차마
슬퍼하지도 못한
당신들의 유복자, 미망인
부모 형제의 슬픔을
살라 먹은 오늘입니다.

비록 나라를 위한 길이었지만
피 끓는 젊은 아들들을
소나기처럼 쏟아지는 총알과
포탄에 묻어버린 그 슬픔을
평생 동안 어찌 잊겠습니까
어찌 잊겠습니까.

호국영령님들이시여
편히 잠드소서
더 이상 걱정마소서
당신들의 피와 살점으로
수 놓아진 이 나라
결코 무너지지 않을 것입니다.

그것은 당신들의 애국심과
젊은 피의 정기가 뿌리 되어
굳건히 이어지고 있기 때문입니다.
- 6월이면 생각나는 6·25동란을 생각하며

코로나19의 시간들

그동안

해가 뜨고 해가 지는 것
꽃이 피고 꽃이 지는 것
계절이 가고 오는 것
지구의 아름다운 풍광
즐기며 누리며

자유롭게 숨 쉬며 옷깃을 스치며
친구를 만나고 직장엘 가고
지구촌 어디든 마음먹은 대로
누리며 여행할 수 있었고

우리들의 모든 동선들이
자유로웠던 평범한 일상
아주 아주 당연하다 여겼던 그 시간 들
그리움이라는 하나의 단어로 표현하기엔
너무나 부족함을 느낀다.

인간을 해치는
미세하고도 보잘것없는

바이러스 코로나19
만물의 영장이라고 큰소리치던
인간들의 면류관 벗기려는지…….

창연한 봄 햇살 창틀에 묶어두고
아지랑이 수선화 산수유 외로운 눈물
성난 꽃샘바람 창밖에서 윙윙, 웽웽
온 세상 절규하는 메아리
혼돈에 스민다.

      – 2020년 3월 11일 코로나19 팬데믹(감염병세계유행)
        선언에 즈음하여

원격수업의 날

3월 새싹 소녀들과 함께 열공하던 그 교실
촛농 눈물 가득 고였다.
사춘기 소녀들과 손잡고 춤을 추고
발맞추어 뛰놀던 운동장도 울고 있다

교내 정원에 활짝 핀
민들레 자목련 꽃잔디
조경으로 잘 다듬어진 정원수
잘못을 저지른 아이처럼
고개를 떨구고 있다

대~박,
허~얼
꺄르르, 꺄르르
쉬는 시간 교실 창문을 넘나들던
소녀들의 쾌활한 함성
화창한 봄날의 메아리
그리움에 젖는다

먼 산 흰 눈처럼 쌀쌀한
백색 가운을 입은 사람들만이

방역소독기로 교실을 어른다.
층층 복도 달랜다.

화창한 봄 햇살 한들한들
정원수 꽃향기는 풀 죽고
에탄올 냄새만 메아리치는구나.
　　　　－ 2021년 4월 8일 학생 코로나 확진자 발생
　　　　 원격수업 시행 첫날에

코로나19(COVID-19)가 보낸 메시지

이제 보호하라.
지구촌의 모든 생명체와 맑은 공기
강과 바다
산과 들녘
푸른 하늘 수려한 대지
신이 내린 그 자연 그대로

이제 멈추어라.
무질서
무개념
자본 우월주의
이기주의

이제 더 성숙하라.
겸손
감사
사랑
존중

공동체를 깊이 염두 하라.
그동안 바쁘게 살아왔던 시간

되돌아보며 반성하라
성숙한 시민 의식으로
가족을 살피고 이웃을 더 돌아보라
온 세상과 화합하라

약해지지 말자

코로나19가 태클 건다고
지금의 생활이 익숙하지 않다고
마음에 우울이 찾아왔다고
몸에 큰 병들이 노크한다고
약해지지 말자

사업에 실패했다고
취직시험에 떨어졌다고
연인과 헤어졌다고
죽을 것처럼 아픈 상처가 있다고
모든 일이 잘 안 풀린다고
약해지지 말자

달이 태양의 빛에 반사하여
빛을 이루듯
어둠은 때가 되면 소멸된다.
오늘의 지금은 내일의
지금이 아니라는 것에
꿈을 담아 희망 담아
우리 더 이상 약해지지 말자

푸른 신호등

2020년 3월
코로나바이러스감염증-19(COVID-19)
공포의 팬데믹 신호등이 켜졌다.
그 빨간신호등
마스크 쓴 흑-범
부리부리한 눈으로
팬데믹 세상 고정 자세로 노려본다.

9, 8, 7, 6, 5, 4, 3, 2, 1,
12, 11, 10, 9, 8, 7, 6, 5, 4, 3, 2, 1,
12, 11, 10, 9, 8, 7, 6, 5, 4, 3, 2, 1,
5, 4, 3, 2, 1

2023년 05월
이제 건너도 된단다.
전 세계 푸른 신호등의 함성
온 세상이 뚫렸다.
사람들의 악수와 포옹 소리
환희의 오케스트라 연주회

우울한 세상의 꿈

행복한 사람들의 향기 모아
온 세상에 쐐~쐐 뿌리고 싶다.
그 행복 세상 곳곳에
둘러싸였으면 참 좋겠다.

따뜻하고 아름다운
사람들의 사랑의 향기로
온 세상이 핑크빛 사랑으로
물들었으면 참 좋겠다.

겸손하고 배려심 깊은
사람들의 감사의 향기로
온 세상이 감사의 물결로
풍요로워졌으면 참 좋겠다.

환호하며 기쁨이 넘쳐나는
사람들의 엔도르핀 향기로
온 세상이 기쁨으로
수놓아졌으면 참 좋겠다.

그러면,
우르르 줄지어 몰려다니는
바닷속 멸치 떼들도 부러워하겠지?

4부
프리지아 꽃을 본 여인

풍선처럼 부풀었던 욕심과 이기
삶의 찌든 먼지 털어 내며
오월의 맑고 푸릇한 물 가득 담긴
세숫대야에 얼굴을 묻는다.

봄이 오려나 보다

소한 대한 추위 모두 다 지나니
꽁꽁 언 땅 안고 있던
잿빛 하늘 점점 높아진다.
이른 새벽 여명을 꿰뚫는 굉음의 바람
훈훈하고 싱그러운 경쾌한 발걸음
아마도 봄이 오려나 보다.

물안개 걷힌 호숫가
무지갯빛 영롱하고
움츠린 나뭇가지
여기저기 귀엣말 소곤소곤
아마도 곧 봄이 오려나 보다.

立春大吉　建陽多慶

아직도 쌀쌀하고 매서운 추위는
몸을 움츠리게 하는데
달력에 걸린 입춘은
만물의 생명 부추기며
새봄을 맞이합니다.

서서히 해가 길어지면서
따스한 양기로 돌아서는 입춘
사물이 왕성해지고
생동하는 기운은
새로운 힘을 솟구치게 하고
땅에 엎드려 꼼짝하지 않는
꿈과 희망을 일으켜 세웁니다.

새봄을 여는 사람들이여!
立春大吉 建陽多慶 하소서
그대들의 외로운 추위는
이제 곧 떠날 것이며
좋은 일의 길이 열릴 것이니
따스한 봄의 정기 받아
경사롭기만을 기원하나이다.

꿈과 희망을
겸손과 나눔을
사랑과 감사를
소망하는 사람으로
새봄을 축복드리오니
立春大吉 建陽多慶 하소서

환영해요~ 봄

꽃샘바람 잠든 틈 타
봄 처녀 두리번두리번
거리로 나왔다.

창연한 햇살 아래
창밖으로 튀어나오는
아이들의 함성에 입 맞추며
색동옷 봄 처녀 수줍은 얼굴

금빛 고운 하늘
구름도 숨죽이니
집집마다 창문의 미소
활짝 열리며 환호한다.

아~
저기 봄이 온다.
봄이 오고 있어
어서 오세요
기쁨으로 환영합니다.

봄비

톡톡
토도~독
가마솥 솥뚜껑 위에 내리는
생명의 소리

겨울잠에 흠뻑 취한 산수유
나뭇가지 입 맞추며
백·자목련 어린잎 살며시 깨운다.
무성한 잡초 등 떠밀고 피어오른
개선장군 개나리 군단
온 산, 온 들에 노란 물결 드리운다.

깨를 볶듯
구성지고 싱긋한 바람의
봄비 소리
봄꽃나무 새 봉오리 살포시 여니

수런수런 꽃샘바람
먼 산, 먼 들판의 아지랑이
새봄 새 생명의 물보라
푸릇푸릇 흠씬 젖어
촉촉한 봄 여민다.

아~봄!

들리는가?
실바람에 흩날리는 꽃비 소리가

보이는가?
무지개처럼 아름다운 봄의 색채가

느껴지는가?
연분홍 새색시의 부푼 설렘을

아~봄!
살고 싶고
살아야 하는 희망 심어주는
연둣빛 생명의 성

봄을 봄

봄이 바라봅니다
몸도 마음도 꽁꽁 얼어붙었던
우리들의 겨울을

봄이 꽃처럼 미소합니다
이제는 열어젖히라!
꼼꼼하게 동여매 둔 닫힌 마음을

봄이 싱그럽게 손짓합니다
벚꽃 눈 내리는 날
우리 같이
벚꽃 눈길 걸어보자고

봄이 살짝 포옹합니다
슬며시 실눈 뜨고
신비로운 세상
두리번두리번 바라보는
버들강아지를

봄 소풍

연둣빛 햇살 아래
아름드리 수목원
재잘재잘 봄의 소리

때 이른 수박이며 참외며
사계절 과일 가득 메운
흙의 소리

새봄을 안고 온
노란 단무지 달걀
푸른빛 오이피클
마냥 부끄러운 듯이
붉디붉은 다홍빛 당근
가을 닮은 우엉
햄이며 맛살이며 다진 소고기며
하얀 쌀밥 위에 질펀하게 누우니

바다의 보자기 빛고운 파래김
사랑스럽게 김밥 가족 돌돌 만다.
저 멀리 바다 이야기 귓가에 맴돈다.

아지랑이 타고 온
봄꽃도 벌들도 나비들도
봄 소풍 배낭 메고
즐거운 행복 누린다.

홍삼 마신 봄

봄의 전령 불굴의 매화
고결한 자태 뽐내니

불끈불끈
개나리 노란 근육
나도 봄의 전령이오

옆옆이 즐비하게 늘어 서 있던
산수유의 반란
나도 나도 노랗다오
나도 나도 봄의 전령

아랑곳없는
요염한 벚꽃
우아한 목련
아지랑이 줄기 타고
영산홍 늦잠 톡톡
초록 여름으로 달린다.

이 봄에야

빛을 가득 담은 생명의 소리
어두운 터널의 적막 깨고
대지를 일으키는 새싹의 몸부림
산고를 견디는 어머니처럼 거룩하구나

겨울 산 소복이 쌓인 눈 녹이는
버들강아지 실눈
진달래 산수유 우렁찬 메아리
또다시 봄이로구나
또다시 생명이로구나

어머니로다
이 봄
자애로운 어머니로다

어머니로다
태양을 품은 초록을 담은
영원한 나의 어머니
지구의 존재가 어머니였음을
이 봄에야…

동춘당의 봄

우암선생 정기 어린 동춘당 고택
산수유 매화 수선화 개나리
봄 소풍 즐긴다.

수수백년
한결같은 마음과 모양으로
고택을 지켜온 봄의 메아리
뜰 안 가득 만물의 소생 알리는
봄의 전령사

"취하고 나니 천지가 넓고
마음을 여니 만사가 편안하다"는
호연재 김 씨의 한 서린 시비
서리 맞은 봄꽃이 애달프구나

한 많은 호연재 김 씨의 시심
한 잔의 술로 인생의 시름 달랬던
호연재 김 씨의 삶 응수하는
여류시인들의 탄성

동춘당의 봄 끌어안고
호연재 김 씨의 한 보듬으며
어깨를 토닥인다.

봄의 수채화

아장아장 새싹들이
기우뚱 갸우뚱 뜨락을 채운다.
뜰 안에 뛰노는 햇병아리
봄 햇살 아지랑이 반갑다

살랑살랑 실바람
오수에 빠진 버들강아지
한가로운 풍경소리
웅성거리는 앞마당 기웃거린다.

아~~
여기 다~아 모였네
우리의 그리운 친구들
바람도 햇살도 미소 지으며
앞마당에 들어선다.

개나리
산수유
후리지아

꽃망울 터뜨리는
노란 봄의 축제

한 폭의 그림이로구나

프리지아 꽃을 본 여인

나는 봄이 되면
샛노란 프리지어 꽃을 꼭 산다.

식탁에 화려한 봄을 앉히고
봄을 비빗비빗하며
희망에 윙크하며 꿈을 키운다.

노란 꽃잎의 가녀린 생명에서
뿜어져 나오는 아름다운 향기
인생의 소중함 아로새긴다.

순수, 신뢰라는 꽃말처럼
겸손해지며 순수한 마음 다독인다.

노란 행복
환희의 봄 향
봄의 축복에 가슴이 뛴다.

오월

메마른 대지
검버섯 벗겨내고
아름드리 신록 드리운 녹색의 천사

영양 팩 벗겨낸
물오른 21살 처녀의
발그레한 복숭아 빛 얼굴

가히~~
아름답구나
장미처럼 예쁘구나
표현 무색한 푸른 생명의 기적

꿈과 희망 놓지 않고
영원히 품을 수밖에 없는
삶의 이유
지구 존재의 오작교
신이 내린 최고의 선물이로다

오월의 중천

말간 하늘에
연둣빛 태양이 장엄히 떠오르고
풀꽃들이 사랑으로 피어난다.

오월의 푸른 메아리
코발트 빛깔 하늘에 누워
뭉게뭉게 춤추는 하얀 꽃구름
순수하고 맑디맑은
생명의 환희 속에서 기도한다.

풍선처럼 부풀었던 욕심과 이기
삶의 찌든 먼지 털어 내며
오월의 맑고 푸릇한 물 가득 담긴
세숫대야에 얼굴을 묻는다.

아파트 입구
동파위험
미끄럼 낙상 주의
플래카드 걷어내며
5월은 말한다.

싱싱하고 순수한 5월의 신록
당신은 호수처럼 깊고
부드러운 바람결을 붙잡고
초록의 서정시를 써야 할 것이다.

그 오월 속에서
그대는 반드시
행복할 것이리라.

오! 9월

선선하고 부드러운 살랑바람
수줍은 여인의 미소 담아
9월을 드리운다

절인 배추처럼
맥없이 늘어진 채
7·8월 거리 활보하던 맹렬한 폭염
고령의 매미 목청껏 맴맴맴
무성한 나뭇가지
가을을 그린다.

먼바다 수평선 저 너머
파도가 지나간 자리
철썩 철퍼덕 파도의 눈물
이별을 고하니

9월의
투명한 황금빛 햇살
고추잠자리 높아진 하늘
조각구름 턱 괴고 가을을 젓는다.

처서 1

밤마다 풀벌레 소리 구성지니
하늘 더욱 높아지고
황금빛 햇살 더욱 짙어진다.

탁탁 틔어 오르는
신선한 바람
고독한 여인의 가슴에 어린
사랑의 물줄기를 파고들고.

먼 산
먼 들판에서
휘이~ 휘이~
무더위 쫓는 소리
푸른 잎이 놀란다.

처서 2

산천초목
초록의 절정
하늘 점점 높아지니
아침 바람 촉촉하고
저녁 향기 부드럽다.

고온다습
장마와의 전쟁 부추기며
삼복三伏더위 앞세워
폭서의 칼날 휘두르며
인간의 기력과 땀샘
파라척결爬羅剔抉*하던
불바다의 그 여름날들

몰래 숨어 울며
깊은 밤 고요를 깨는
귀뚜리, 풀벌레 복병伏兵*
폭서가 스러진다.
여름날의 이별이 다가온다.

우중충한 먹구름 걷어내고
먼 밤하늘에 빼곡히 늘어선
총총한 별들이 현란한 빛을 켜니
작열하던 그 여름의 붉은 열정
그리움을 소고溯考* 한다.

지난밤 숨죽이며
입술을 꽉 다문 파리한 나팔꽃
새벽이슬 지그시 달게 마시니
자명自明*한 여린 가을
처서의 아침 맞이한다.

* 파라척결(爬羅剔抉) : 손톱으로 긁거나 후벼파내다.
* 복병(伏兵) : 적을 기습하려고 요긴한 길목에 군사를 숨겨 놓다.
* 소고(溯考) : 거슬러 올라가 생각하다.
* 자명(自明) : 설명이나 증명을 하지 않아도 그 자체로 알 수 있을 정도로 명백하다.

가을의 열쇠 광복절

8월 15일
어두운 밤이 익을 무렵
운동 다녀오는 아들에게 물었다
밖에 날씨가 매우 습하지?

아니야, 엄마
이제 좀 선선한데요.!!!

아~~~
가을이 오려나 보다.

풍요로운 가을이 밀려오려나 보다.
어디선가 흐르는 풀벌레 소리
어스름 달빛 아래
가을밤을 찾으려나 보다

광복절
뜻깊은 날에
무더위는 투항하고
사람들의 혼미했던 정신
제자리에 돌려놓으려나 보다

오로지
대한민국 국민만이
기쁨을 누릴 수 있는 날
축제를 즐길 수 있는 날
이런 날에 가을이 열리고 있다

대로변에서
가로변에서
아파트 베란다에서
주택의 대문 앞에서
광복을 휘날리는 태극기도
가을 노래를 부르고 있다

작열하던 태양
단잠을 방해하던 거친 열대야
광복절 그날
백기 들고
가을의 열쇠 툭 던진다.
폭염이 무너져 내리고 있다.

가을맞이

갑자기
덜커덩덜커덩
베란다 창틀이 들썩거려
재빨리 뛰어나가
창문을 열었다.

찬란한 황금빛 햇살
9월의 정오
습도 가득 땀내를 뺀
담백한 가을바람
새뽀얀 조각구름 하늘이 높다.

주름진 소녀의 어깨에
내려앉은 살랑한 가을
꼭꼭 감싸안으며
반가운 박장대소
쪼르르 가을을 마중한다.

가을의 씨앗

내 마음의 화분에
가을 씨앗 하나 심었습니다.

국화처럼 노오란 낭만이 꽃피고
홍엽처럼 붉은 사랑이 꽃피고
들녘의 곡식처럼 풍요가 꽃피었습니다.

낭만의 꽃은 시를 쓰고
사랑의 꽃은 그림을 그렸습니다.
풍요의 꽃은 베풂과 나눔을 학습합니다.

아~ 신비로워라
아~ 아름다워라
아~ 풍요로워라

이 가을을 감탄하는 사람들은
기쁨과 즐거움을 여미며
파라다이스 행복을 좇습니다.

낙엽

소슬한 바람
추적추적 내리는 적막한 가을비
구르몽의 '낙엽'을 노래한다.

"시몬, 너는 좋으냐?
낙엽 밟는 소리가.
가까이 오라
우리도 언젠가는 가련한 낙엽이 되리니
가까이 오라, 밤이 오고 바람이 분다.
시몬! 너는 좋으냐
낙엽 밟는 소리가."

악보도 없이
악기도 없이
노래하며 춤추며
정처 없이 휩쓸려가는 낙엽

젖은 들창문에 찢기고
될 대로 되거라
시름없는 낙엽

가을 천둥의 억센 노래와
요염한 번갯불로 거침없이 뛰어든다.
가을비에 젖는다.

초初 시월

아득한 푸른 하늘
떼구름 춤을 추니
운동장에 가을이 굵게 쏟아진다.
통통한 햇살 아래 푸른 낙엽 뛰놀고
아이들의 머릿결이 펄럭인다.

탱글탱글 아이들 함성
까르르 까르르
청랑清朗한 웃음의 메아리
들소처럼 가로 뛰고 세로 뛰며
마음껏 운동장을 포옹하는 아이들
그 무엇이 걱정이랴

가을하늘 박수 소리
코스모스 즐겁다.
지금 이 순간
그 누가 마냥 불행하리~~~

아득한 푸른 하늘
아이들의 청랑한 웃음
탱글탱글한 함성

세상 모든 근심 걱정 소멸하니
삶의 이유
또다시 희망이다.

고향의 가을

코스모스 여전히
그 자리에 서 있었습니다.

짙은 거름 냄새와 어우러진
가을 들풀 냄새도
그대로였습니다.

고개 숙인 노란 벼
여기저기 널어놓은 빨간 고추와 콩
윙윙대며 비행하는 고추잠자리
노후 된 담벼락에 늘어진 늙은 호박
고정된 자리에서 어김없이
고향을 지키고 있었습니다.

주름 하나 더 늘어도
양 볼이 패이고,
수분기 하나 없는 거친 얼굴,
손발이 메말라 부르터도
행복한 모습으로 가을걷이하며
고향을 지키는 어르신들의
모습도 그대로였습니다.

뒷덜미를 따갑게 잡아당기는 듯한
강렬하고 억센 가을 햇빛
따갑다기보다는
고향의 푸근함이었습니다.

먼 옛날 내 고향의 가을 향기
삭막한 도심의 인생에
평안과 행복을 더해줍니다.

만추

시나브로
코끝을 콕 찌르는
냉정한 바람 저편에
가을의 끝자락이 펄럭인다.

낙엽 따라 바람이 실려 가는 것인가?
바람 따라 낙엽이 떠밀려 가는 것인가?
눈이 내리듯
노란 잎새 붉은 잎새
줄지어 떼 지어 둥지를 떠난다.

한 번쯤
결코 돌아보지 않으면 안 될
쓸쓸한 만추의 풍광에서
하늘 계신 아버지를 뵌다.
아직도 마냥 푸르기만 한
늘 푸른 고향이 보인다.

고향의 언덕
소녀의 수줍던 하얀 사랑이
다 익어버렸다.

인생이 스르르 녹는다
노란 눈물 한 방울 뚝 떨어진다.

가을 막걸리

골짜기에 흐르는
가을 막걸리

하늘 높아 한잔
빛깔 좋아 한잔
풍요로워 한잔

이산 저산 나무들
너른 들판의 곡식들
우르르 떼 지어
가을을 마신다.

홍조 가득 가을 취객
노랑 빨강 친구들과
가을 단풍 맞이하려
새 옷단장 여념 없다.

그 겨울의 들판

메마른 할머니 손등 같은 건조
그 아무도
한 번도 살지 않았던 것처럼
생명력 하나 없는 평퍼짐한 빈 들판
황량하기 그지없다.

그러나 그 황량함 속에 돋아있는
무수한 새싹들
풍요로운 열매의 포태
감히 황량하다고~~~
그 아무것도 가진 것 없다고
말할 수 있겠는가!!!

할머니의 건조한 손등 속에 묻어있으나
보이지 않는 인생의 역사처럼
피안彼岸의 세상이로구나

12월의 마음만 같아라

동해 일출 바라보며
꿈을 다지고 희망을 다그치며
소원 성취 되뇌던 새해 그 첫날

올 한 해는 모든 일이 잘 풀리겠지
올 한 해는 알록달록 행복이 밀려들겠지
올 한 해는 이루지 못한 소망 이루어지겠지
하나님도 불쌍히 여겨 보상하시겠지

하지만,
예년의 그날 그때처럼
인생의 고달픔 꽁꽁 매달려
우리 곁을 항상 떠나지 않고 있었네
좌절과 분노, 미움, 원망의 언덕
용서, 기다림, 기대, 새 희망의 신발
삶의 의욕 부추기며
질풍노도처럼 살았던 지난 11개월

12월은 조용히 포옹한다.
그동안 수고 많았어요
어깨를 토닥이며 위로한다.

괜찮다고 속삭인다.
그대의 어깨를, 그대의 얼굴을
포근히 감싸안아 줄 내가 있잖아

자! 또다시 힘을 내봐
내 손잡고 다시 일어서봐
세상은 살 만한 곳이야.
그렇게 사는 거야~~~

하얀 12월

긴긴 기다림 끝에
겨우 떠나가는 뒷모습만
보아야 하는 12월
외로이 혼자서 빈 고향 집을 지키는
앙상한 감나무처럼 춥고 서럽다.

뒷모습을 본다는 것은
참으로 유쾌하지 않다.
오랜 그리움을 참지 못해
눈물짓는 여인의 쓸쓸함처럼
첫사랑을 잃은 남자의
굵직한 고독처럼 아프고 쓰리다.

아무리 이별에 익숙한 12월이지만
올망졸망 재잘거리던 푸른 봄에게도
청년들의 피처럼 뜨거웠던 정열의 여름에게도
이제 해야 할 일을 모두 끝내고
아무런 미련 없이 귀향하는
상처투성이 낙엽의 가을에게도
차~마 안녕이라고 말하지 못한다.

다만, 피멍으로 얼룩진 세상
잠시라도 깨끗하게 덮어주려
새하얀 눈꽃을 준비하고,
뼈아픈 사람들의 상처를 동여매 주려
사랑의 붕대를 감아놓고 있을 뿐이다.

쪽방촌의 춥고 배고픈 이웃
화롯불처럼 뜨거운 심장에 불을 붙이고
거리마다 사랑의 종소리 울림 하며
구세군 냄비에 사랑을 끓일 뿐이다.
먼 산 설경처럼 아름답고 깨끗한
희망의 푸른 봄을 기도할 뿐이다.

눈 내리는 날

오늘은 그 누구에게든
사랑의 노래를 불러주고 싶다.

은모래 위에 반짝이는 조약돌처럼
달빛 아래 빛나는 눈 쌓인 골목

아버지의 팔짱을 끼고
뽀드득뽀드득 걸었던
달빛 노을 아득한 그리운 고향

흰 백합처럼 하얀
고향의 언덕을 생각하며
오늘은 그 누구에게든
사랑의 노래를 불러주고 싶다.

새해의 기도

동트기 전 새해 첫날
사람들의 소원 비는
기도의 음성
온 세상을 울림하고 있습니다.

그 속에 당신의 목소리도
나의 목소리도 함께 메아리쳐
열정 가득 삶의 도로를 질주하고 있습니다.

새 신을 신고
새길을 출발하는 설렘
첫 새벽의 축복으로 거듭나고 있습니다

올해도 변함없이
소소하지만 감동하는 행복
함께 나누길 기대합니다.

새해에도 더욱 건강하고
행복하길 두 손 모아
간절한 기도 올립니다.

설날 아침

온 세상에 내린
새하얀 눈처럼
사람들의 마음이
너그럽고 하얘지는 여린 설날

희고 고운 떡국 속에
정성 가득
사랑 가득
감사 가득
덕담이 스며든다.

새해
새날
새마음
정갈하게 다듬으며
새 날개로 비상한다.

설날 같은 마음 담아
하얀 세상 짓는다.

5부
떡 방앗간 집 아들 '미니미니'

[수필시]

보릿고개 가난에 항상 배고팠던 시절
인심만큼은 풍요로웠고 정겨운 사람 내음
온 마을이 향기로웠다.

보름달

정월대보름
밤하늘에 떠 있는 달의 미소
모든 근심 걱정을 내려놓게 한다.
인간들의 오욕칠정 씻겨 내릴 만큼
순수하고 아름답다.

성인이든, 죄인이든
부자든, 가난하든
유명인이든, 아니든
보름달은
대보름을 맞이하는 모든 이에게
자신을 불태워 골고루
환하게 빛을 밝혀준다.

어두운 밤의 빛이
얼마나 더욱 돋보이고
얼마나 더욱 환하게 보이는지
느낄 수 있도록
세상의 모든 깨끗함도
세상의 모든 더러움도
전부 안은 채 희망을 전파하고 있다.

세상에서 좌절하고
인생에 실패한 자들에게
새로운 꿈과 희망을 선물하려
사람들이 움직일 때마다
따라다니며 말을 건넨다.

용기 내세요.
나는 만월이 되는 오늘을 얻기 위해서
십오일 간 초승달의 도움을 받았답니다.
이제 나는
초승달을 위해서 십오일 간 내 살을 깎아
기울어야 합니다.

우리가 그 무엇을 얻기 위해서
그 어느 것이 희생되어야 한다는 것을
보름달은 일깨워준다.

그저 세상이
안전하고 평화롭기만을
모든 이가
서로 사랑하고 서로 용서하며

더불어 살아가기만을

아름다운 세상
행복한 세상 꿈꾸면서
그 누군가를 위해서
아낌없이 희생할 수 있는 마음
키워나가기를 기대하면서~

결혼예식장

봄의 아지랑이
나비넥타이 반짝 구두 뽐내며
버스, 기차, 지하철 바쁘게 갈아타고
왁작왁작 도심 속 예식장에 당도

문전성시
고향의 아지매*, 아저씨
워메*~ 철수 엄니* 아녀?
아이구 이~게 누구여*?
호동이 아부지이*~

이게 월마* 만~여*
아마 한 이십 년 되었제*?
세상에나~~ 세상에나~~
너무너무 반갑구먼*

이 애기*는 철수 아들인감*?
아 ~~ 야야*
벌써 손자 데리고 다니는구먼*
어쨌든 반갑구먼, 반가워~

삼삼오오
먼 고향의 아지매, 아저씨들

예식장은 고향이었다.
예식장은 추억이었다.
예식장은 사람 냄새 폴폴
우리들의 정겨운 삶의 이야기
미소의 메아리로 웅성거린다.

* 아지매: '아주머니'의 방언
* 워매 : '어머'의 방언
* 엄니 : '어머니'의 방언
* 누구여 : '누구야'
* 아부지이 : '아버지'의 방언
* 월마 : '얼마'의 방언
* 만여 : '만이야'
* 되었제? : '되었지요?'
* 반갑구먼 : '반갑다'
* 애기 : '아기'의 비표준어
* 아들인감? : '아들이야?'
* 야야: '예예'
* 다니는구먼 : '다니네'

인생은 아름다워

한탄마소~~~
그래도 인생은 아름다운 것
짧으면 짧은 대로
길면 긴 대로
한바탕 꿈일지라도
그 꿈속에서 우리는 즐겁지 아니한가?

먼~들판 동면을 깨는 연무들의 노래와 춤
생명의 메아리 출렁이는 파릇한 농부의 봄
봄꽃놀이 파도치는 인간들의 물결
무더운 여름 한낮 오수 즐기는 바람
흰 구름 땀 흘리며 하늘을 잇고

너른 들녘 풍성한 열매들이 너울대는 황금물결
국화축제 단풍놀이 홍시 같은 가을 석양
매서운 눈보라 수수꽃 겨울 산
살포시 미소하는 동백의 얼굴

밤하늘의 은하수
어둠을 쫓아 골목길 밝히는 보름달
지구의 비밀 알려주려는 여명

이 얼마나 신비로운 세상인가!
이 얼마나 아름다운 인생인가!

너를 통해 나를 통해 우리를 통해
사랑을 알았고 이별을 알았고
기쁨을 알았고 슬픔을 알았고 고독을 알았다.

인생은 쓰디쓴 용무초 같으나
때로는 감초 같은 달콤함도 있으니
인생은 아름다운 것

무

가을이 깊어가던 어느 날
네 살 손녀가 어린이집에서
무 두 개를 가져왔다.
손녀는
어린이집에서 무 뽑기 체험을 했단다.

손녀는
자기가 무를 뽑아왔다고 틈만 나면 자랑질이다
할머니~~ 내가 무 뽑아 왔지이?
볼을 부미며 애교를 떤다.

에미가 유방암 수술로
병원에 입원이 잦아도
손녀는 한 번도 떼쓰지 않고 울지 않았다
네 살 아이가 참 속이 깊다.

가~아~끔씩
할머니~ 엄마 집에 언제 와아?
근데 나는 안 울고 찬(참) 착하지이?
엄마가 참 많이 보고 싶다는 말이다
애 늙은 아이는 억지로
그리움을 보고픔을 참아내는 중이다

그런 손녀는
식탁에 무김치만 오르면
할머니 이거 내가 뽑은 무~지이?
연이가 뽑은 무로 만들었지이?
아주 뿌듯한 표정이다
마치 가족을 위해서 아주 큰 일을 해낸
가장 같은 자랑스러움이 역력하다

할머니 나~아 으~응 으~응
긴(김)치도 자(잘)먹지이?
나는 다 커서 이제 언니야~~
다 커서 긴(김)치도 자(잘)먹고
마(말)도 잘 들어
혼자 독배도 빼놓지 않는다

그래~~~아가야
얼른얼른 커라
사랑하는 내 아가야
가을무처럼 싱싱하고 건강하게 잘 자라야
할머니가 마음 놓고 떠날 수 있단다.

아버지와 어머니

아버지의 어깨는 북청물장수
날마다 날마다 여명을 깨고
이슬을 헤치며 물지게를 지고
동분서주 가족들의 생명 지키셨네
자식들의 열매에 꽃을 피우셨네

어머니의 손은 물 조리개
새싹에 물 주고 양분을 주듯
정성으로 사랑을 뿌려주시고
아플세라 다칠세라 염려하시며
곱게 곱게 길러주고 보듬으셨네.

아버지의 우렁찬 숨소리는
위대한 스승의 숨결
긴긴 한숨에 꿈을 토닥이고
희망에 불을 지피게 하셨고
꿈을 이루게 하셨네

어머니의 가슴은
화순분 항아리
기쁨과 즐거움으로

행복을 여미게 하셨네
고통과 슬픔의 눈물 걷어내는
사려 깊은 버팀목이셨네

아버지의 굽은 등은
너른 바다의 파도
흩어졌다가 다시 모으는 물결처럼
자식 걱정 아내 걱정
인생의 고뇌와 아픔
끊이지 않는 삶의 무게에도
굴하지 않고 이겨내셨네

어머니의 두 눈은
어둠을 밝히는 등불
자식들의 무섭고 외로운 밤
밤하늘의 별처럼 소리 없이 지켜주셨네
그 고결한 사랑 별빛처럼 반짝이시네

— ps 세상의 모든 아버지 모든 어머니께 드리는 시

원혼冤魂

그날은
하나님도, 부처님도
알라신도, 칠성신도
안 계셨다.

숨 막히는 고통과
스멀스멀 엄습해 오는 두려움에 떨며
새까만 어둠의 굴레에서도
살고 싶어 절규하며
바닷속에서 며칠을 헤매고 있었지만

구조의 손길
희망의 속살 한 번 만져보지 못하고
어두운 고통의 터널에서
빠져나오지 못한
한 맺힌 넋이여

하나님은 어디 계셨으며,
부처님은 무얼 하셨나.
알라신은 낮잠을 주무셨나,
칠성신은 꽃놀이를 가셨었나.

우리의 다정한 이웃과
푸르고 순수한 자녀들의 넋을
송두리째 앗아간 신들이시여
흡족하십니까?
즐거우십니까?

원혼들이시여
한 많은 이 세상
못 잊어 마시고
훨훨 날아 홀가분히 영면에 드소서.
      - 2014년 04월 16일 세월호 침몰 사망자의 넋을 기리며...

모닥불

아직도 멀었었다.
쌀쌀하고 짓궂은 동장군이 오기엔
그러나 앞마당에
스산한 천막이 쳐지고
석유 드럼통에 모닥불이 지펴졌다.

깊어가는 10월 하순의 늦은 밤
모닥불의 열기가 무르익어 갈 무렵
온 마을 사람들과 근동의 사람들까지
우리 집 앞마당으로 몰려들었다.

아버지는 노란 삼베옷을 입으시고
두건을 쓰신 후 대청마루에서
사람들과 맞절하시며
일일이 인사를 나누셨다.
아버지의 감춰둔 눈물과 슬픔은
모닥불 연기가 몰래 숨겨주었다.

안방의 할아버지 주검 속에서도
모닥불은 생명력 있게
활활 타오르고 있었다.

죽음을 처음으로 접하고
죽음을 이해하기엔
아직 어리기만 했던
초등학교 5학년 소녀

삼베옷을 입으신 아버지와 가족들
깊어가는 가을밤에 모인
사람들의 을씨년스러운 웅성거림
너무나 무섭고 서럽기만 하였다.
소녀의 눈물은
모락모락 모닥불에 깊이 스며들었다.
강산이 다섯 번 이상 바뀌었건만
매년 기울어가는 10월이 오면
그해 모닥불의 슬픔과 서글픈 눈물
아리고 쓰리고 아팠던 기억이
모락모락 하늘로 솟구쳐 오른다.

슬픔의 덫

미약하였다.
정말로 미약하였다.
거짓이었다.
모든 것들이 다 거짓이었다.

금이야 옥이야
귀중하게 소중하게
어여삐 여기며 애지중지했던
그 모든 것들이 내 것이 아니었다.

그동안 쌓아놓은 인생 에너지
메기 같은 고통의 주둥이가
꿀꺽꿀꺽 한입에 삼켜버리니
기고만장 인간의 힘
와르르와르르 갈피를 잃는다.

쓰나미가 몰고 온 폐허처럼
무섭고 대책 없는 슬픔
위치를 잊은 굵은 심통^{深痛}
먼 하늘에 고정한 채

정처 없는 구름에 실려
긴긴 한숨만 토해낸다.

볼 수도 없고
만질 수도 없는
두려움
괴로움
외로움
슬픔의 지게
눈물로 얼룩진 퉁퉁 부은 얼굴

빈센트 반고흐
'별이 빛나는 밤' 그림 속에서
슬픔을 산화한다.

숨바꼭질

오늘도 우리 가족의 숨바꼭질이 시작되었다.
하루에도 몇 번씩 아이들 물건 찾는 숨바꼭질
오늘은 초등 1년 손녀딸의 홈런* 충전기를 찾아내는 일이다

가족들 모두 술래 되어
방방 구석구석 다 찾아다녀도 충전기는 보이지 않는다
충전기는 술래가 되기 싫은지 꼭꼭 숨어 나타나지 않는다
아들 손자 손녀가 낮부터 찾다가 포기하였단다

마침내 할미인 나까지 숨바꼭질에 참여했다.
딸의 정기진료로 아침 일찍 서울 병원에 갔다가
저녁 늦게야 돌아와 피곤한 몸을 이끌고
침대 밑이며 소파 밑이며 심지어 관련도 없을 듯한
베란다까지 나가서 찾아보았다

보이지 않는 충전기가 참 그립다.
이리 치이고 저리 치이던 충전기
꼭꼭 숨어 몸값을 올리고 있다
오늘 과제를 해야 하는 손녀, 계속 짜증을 낸다.

가족들은 손녀에게
　　"네 물건 잘 간수하지 않은 게 누군데 짜증이냐?"
　　아빠 삼촌 할머니 오빠의 질타로 집안은 점점 시끄러워지고
　　찾아도 찾아도 나타나지 않는 홈런 충전기
　　가족들은 일단 찾는 것을 중단했다.

　　늦은 저녁을 먹고 또다시 가족들 모두 술래 되어
　　숨바꼭질 놀이 한창
　　안방 침대 옆 협탁 서랍으로 강하게 이끄는 텔레파시
　　발길은 어느덧 협탁 앞으로 돌진
　　사위가 "그곳에는 없어요"라고 강하게 부정했지만
　　홈런 충전기는 협탁 서랍 안에 축 늘어진 채
　　"나 여깄소" 자신의 긴 몸둥이를 내밀고 있었다.
　　사위는 "그게 왜 거기 있지? 아까도 없었는데…"
　　나는 의기양양 "아이들의 행동은 예측불허지"
　　손녀는 폴짝폴짝 충전기 찾았다고 신이 나서
　　빙그르 빙그르 춤을 춘다.
　　이렇게 오늘 하루도 나는야, 나는야 술래
　　숨바꼭질하며 하루해를 삼킨다.

　　* 홈런 : 초등학교 학습 도구

떡 방앗간 집 아들 '미니미니'

보릿고개 가난에 항상 배고팠던 시절
인심만큼은 풍요로웠고 정겨운 사람 내음
온 마을이 향기로웠다.

설 명절을 앞둔 시골 아낙*들
마을의 떡 방앗간 집 안방에
옹기종기 포개 앉아 순서대로
가래떡을 기다리고 있었다.

기다림이 지루한 아낙들
방에서 혼자 놀고 있는
귀엽고 잘생겨 안아주고 싶은
방앗간 집 세 살배기 아들
영민에게 물었다.

"아가야 이름이 뭐야?"
"미니미니"

"몇 살 먹었어?"
"떡"

"아버지는 뭐 하셔?"
"탕아, 탕아"

아낙들은 박장대소
세상 근심 모두 사르며
즐거운 눈물 훔치면서
기다림의 행복 여미었다.

말을 막 배우기 시작해
말이 어눌하고
말의 의미를 차츰 알아가고 있는
세 살배기 아가의 머릿속엔

자신의 이름 영민은 "미니미니"였고,
나이의 의미를 모르는 아가는
몇 살 먹었냐는 질문이
무엇을 먹었느냐는 말로 알아듣고
자주 먹었던 "떡"이
몇 살? 에 대한 대답이었다.
아버지는 지금 가래떡을 빼느라
수동식 발동기를 탕탕탕 돌리고 있으니

아버지 하는 일은 당연히 "탕아, 탕아"
떡 방앗간 집 아들다운 대화였다.

아낙들의 긴 시간 기다림의 지루함 달래주고
웃음보따리 풀어 놓아 가래떡 빼는 일이
즐겁고 행복했던 보릿고개 세모의 추억
떡 방앗간 집 아들 '미니미니'

치열한 경쟁 속에서 어른 되어
교사, 교육학 박사, 공학박사,
수능 출제위원, 임용고사 출제위원,
장학사, 교육연구위원, 공학 교수,
대한공업교육학회 23대 회장,
아프리카 오지마을 학교설립 등
한평생 교육자로 봉직했다.

명예, 권력, 승진은 항상 뒷전
아부할 줄 모르고
불의와 부조리와 타협하지 않았고
보무도 당당히 혼자서
세상의 부정부패와 강하게 맞섰다

산은 오로지 우뚝 솟은 산이어야 했고
강은 오로지 맑고 깨끗이 흐르는 강이어야 했고
바다는 오로지 푸르고 푸른 바다였어야 했다.

그렇게 살아온 외길인생 60여 년
갑자기 굵직굵직한 세상이 무너져버렸다.
아직도 부풀어 있던 꿈은 억울하다고 비명을 질렀다.
피 끓는 정열은 바들바들 오그라들었고
마음의 위치는 갈피를 잃었다.
비소세포폐암 4기만이 그 진실을 알고 있었다.

노모와 형제 누이들이 걱정할까 봐
자신의 병을 알리지도 않고
혼자서 수술을 받았고
혼자서 항암을 견뎌내고 있었다.

지금 '미니미니'는
실로 고통스럽고
도통 미래를 알 수 없는
그 어두운 터널을

불평하지 않고 숙연하게
혼자서 터벅터벅 걷고 있다.

* 아낙 : 남의 집 부녀자를 일상적으로 이르는 말

간절하고 애끓는 상상

언제나 듬직하고
큰 거인처럼
가족들의 울타리가 되어주었던
동생 이영민, 미니미니,
베네틱도

평생 공학, 교육학을 연구하며
대한민국 교육계와
아프리카 오지를 오가며
공교육에 헌신했다.

아직은 세상과의 이별이
때 이른 64세 베네틱도
호스피스 병동에서
어두침침한 허공의 미래를
바라보며 절망을 안고 있다.

호스피스 병동 입원 14일
학교 운동장에서 밤 운동을 하던
나는 상상의 나래를 펼친다.

그동안의 임상 치료와
항암치료로 체내에 남아있을 약으로
6개월, 아니 1년을 더 버틴다면
완쾌될 수 있지 않을까?

간절하고 애끓는 무지한 상상
아들에게 말했더니
"그러면 참 좋겠다.
아마도 외신들도 인터뷰하러
달려올 것"이라며
상상을 부추긴다.

먼 밤하늘에서
소리 없이 어두움을 비추는
반짝이는 별들도
장맛비 구름 속에 숨어있던 달님도

"그럴 수 있겠다.
상상만 하지 말고 믿어봐
반드시 기적은 일어날 거야"
맞장구친다.

간절하고 애끓는 상상이여
부디 베네틱도에게 기적을 주소서
　– 2024년 7월 24일 베네틱도에게 기적이 일어나길 간절히 빌며

에필로그

가향의 2번째 시집 『우아한 행복』에서는 111편의 시가 수록되었다. 가향은 일상에서 벌어지는 일을 목도하면서 사상가가 되어보기도 하고 철학자가 되는 꿈을 꾸면서 소소하게 글을 썼다.

살면서 느끼는 즐거움, 기쁨, 감사, 괴로움, 고통, 한탄의 글도 있다. 그러나 그 이면에 드리워진 감성의 의미는 삶의 이유를 부추기고 좌절과 포기를 깨버리려는 의지가 담겨있다.

그 누군가 가향의 글을 읽고 한 분이라도 눈물 흘리며 감동하고, 힘들고 어려운 인간의 고통을 와해시키고 단도리 한다면 그 이상 기쁠 것이 없을 것이다.

이번 시집출간 준비를 하면서 가향은 사랑하는 든든한 남동생과 사별하는 슬픔을 겪었다. 실로 인생은 한번뿐이니 삶을 더 소중히 여기고 매일 감사한 마음으로 살아야 한다는 것을 다시 한번 깨달았다. 한 인간이 살아간다는 것은 결코 쉬운 일이 아니다. 사법고시, 행정고시 패스를 위한 부단한 노력처럼 인간의 삶도 매일매일 노력하지 않으면 좌절이란 놈이, 고통이란 놈이, 포기란 놈이 날마다 찾아와 괴롭힐 것이다.

이에 소중한 인생을 귀히 여기고, 그 인생에 대해 깊이 사고(思考)하며, 폭넓은 마음을 가질 수 있는 시를 공유하면서 독자님들과 함께 공감대를 형성하고자 한다.

1. 인생은 한 번뿐 두 번은 없었다.

가향의 7월은 정말로 습하고 어둡고 불안한 시간이었다. 천둥 번개, 장대비를 뚫고 폐암 말기로 고통스러워하는 남동생을 앰뷸런스(ambulance)에 태워 서울, 세종, 대전 병원을 전전하며 치료에 애썼으나, 애석하게도 7월 30일 새벽 4시경 소천하였다.

7월 1일에 동생이 많이 아프다는 소식을 들었는데 꼭 한 달 만에 사별을 한 것이다. 아직은 세상과의 이별이 때 이른 64세의 동생, 평생을 공학, 교육학을 연구하며 대한민국 교육계와 아프리카 오지를 오가며 공업교육에 헌신했다. 문상을 온 동료 교수, 교육학·공학박사 선·후배, 제자, 교육부 직원들은 하나 같이 "교육계의 큰 별이 졌다"라고 통탄하며 큰 슬픔에 목놓았다.

옛말에 "정승 집 개가 죽으면 문상객이 많지만 정작 정승이 죽으면 문상객이 별로 없다"라는 말이 있다. 그런데도 동생의 소천 소식을 듣고 교육계의 많은 분들이 문상하며 마지막 길을 떠나는 동생을 외롭지 않게 배웅해 주었다. 비록 짧게 살고 떠났지만, 그동안 동생의 삶은 인정이 넘쳤고, 성실하였으며, 정의로웠다는 것을 문상객들을 통해 더 잘 알 수 있었다.

가족, 친척, 동료, 선·후배, 제자, 지인들의 슬픔으로 둘러싸인 인사와 배웅을 받으며 동생은 외롭지 않았을 것 같았으나, 결국 동생의 64년 인생은 한 줌의 재로 남겨졌다. 동생의 몸과 꿈, 희망, 열정, 명예 등, 인간의 오욕칠정은 모두 불타올라 연기로 흩어지고 '한 줌의 재'가 되어 이승에서의 삶을 한 뼘 남짓 아주 작은 도자기 안에 구겨 넣고 슬픈 이별을 고했다.

실로 인생의 허망함이 느껴지는 순간이었다. 주체할 수 없는 슬픔을 넘어 무아의 경지에서 떠오른 생각은 '인생은 한 줌의 재', 이것이 인생의 정답이었음을 깨달았다.

인간이 이승을 떠날 때는 가족· 사랑· 돈· 명예· 권력 등 그 어떤 것도 가져가지 못하니 욕심을 내려놓고 신나는 소풍, 즐거운 여행의 설렘으로 사는 것만이 죽음에 이르러 덜 후회하는 인생이 될 것이라는 생각이 든다.

가향은 동생의 죽음을 목도 하면서 인생의 허무함을 더 절실히 느꼈다. 또한 '인생은 한 번뿐'이라는 영원불멸의 진리를 새삼 깨닫기도 했다. 그러므로 한 번뿐인 인생을 결코 헛되이 살지 말아야 한다는 강한 메시지가 담긴 시를 독자들과 함께 공유하겠다. 인생의 소중함을 상기하고, '자~ 다시 일어나봐'라고 스스로 채찍질하며 생채기 그득한 마음을 보듬고 싶다. 그리고 순간 순간의 시간들이 얼마나 소중한가를 다 함께 공감하기를 바라며 다음의 시를 낭독한다.

두 번은 없다. 지금도 그렇고
앞으로도 그럴 것이다. 그러므로 우리는
아무런 연습 없이 태어나서
아무런 훈련 없이 죽는다.

우리가, 세상이란 이름의 학교에서
가장 바보 같은 학생일지라도
여름에도 겨울에도
낙제란 없는 법

반복되는 하루는 단 한 번도 없다.
두 번의 똑같은 밤도 없고,
두 번의 한결같은 입맞춤도 없고,
두 번의 동일한 눈빛도 없다.

어제, 누군가 내 곁에서
네 이름을 큰 소리로 불렀을 때
내겐 마치 열린 창문으로

한 송이 장미꽃이 떨어져 내리는 것 같았다.

오늘, 우리가 이렇게 함께 있을 때,
난 벽을 향해 얼굴을 돌려버렸다.
장미? 장미가 어떤 모양이었지?
꽃이었던가, 돌이었던가?

힘겨운 나날들, 무엇 때문에 너는
쓸데없는 불안으로 두려워하는가.
너는 존재한다 - 그러므로 사라질 것이다
너는 사라진다 - 그러므로 아름답다.

미소 짓고, 어깨동무하며
우리 함께 일치점을 찾아보자.
비록 우리가 두 개의 투명한 물방울처럼
서로 다를지라도……

- 「두 번은 없다」 전문

위의 시는 폴란드 여류시인 비스와바 쉼보르스카(1996년 노벨문학상 수상, 당시 73세)의 작품이다. 폴란드 전 국민이 애송하는 쉼보르스카의 대표작이며, 폴란드 초등학교 교과서에도 등재되어 있다고 한다. 내용을 간단하게 정리하면 '지금 이순간, 우리가 현존하는 이곳의 중요성'을 환기시킨다.

아무런 연습 없이 태어나서/ 아무런 훈련 없이 죽는다// 두 번의 똑같은 밤도 없고/ 두 번의 한결 같은 입맞춤도 없고/ 두 번의 동일한 눈빛도 없다.//

이 구절에서 모든 순간은 처음이고 다시 돌아오지 않는다는 것을 환기한다. 매 순간을 소중히 여기라는 의미로 볼 수 있다.

너는 존재한다 - 그러므로 사라질 것이다/ 너는 사라진다 - 그러므로 아름답다.//

이 구절에서는 이 세상에 존재하는 모든 것들은 결국 사라진다. 이것은 진리이다. 이 진리가 겸손과 숙연함을 환기시키고 있다. '사라지기 때문에 아름답다'⇒ 사라짐에 대한 당연함을 세상에 존재하는 모든 것들은 이미 겸허히 순응하고 있기 때문에 아름다울 수밖에 없는 것이다.

이처럼 한 편의 시로도 인생을 멋지게 디자인할 수 있다. 소중한 삶을 값지게 살아갈 수 있도록 가슴 깊은 곳의 울림을 끌어내기도 한다. 마음의 울림은 마음속에서 꿈틀거리는 고뇌와 불안, 소심함을 걷어차고 꿈과 희망을 불러 모은다. 그래서 시가 인간 정서에 특효라고 할 수 있는 것이리라.

2. 다툼, 갈등의 연속인 인간사(人間事)
「관용」으로 풀다.

인류의 역사를 되돌아보면 수많은 전쟁이 있었다. 종교전쟁, 정치·이념전쟁, 국토전쟁 등, 인간들의 오욕칠정에 충실했던 삶들이 발발시켰을 것이다. 약자는 죽고 강자가 살아남아 인류 역사를 만들어가며 지금에 이르렀으리라. 가해자는 누구이며 피해자는 또 누구였던가? 해답을 찾을 수 없는 미스터리(mystery)한 인간사(人間事)다. 이러한 인간 삶의 파편들 때문에 인간사에는 항상 다툼이 도사리고 있었고 갈등의 무리들이 인간들의 삶을 에워싸고 있어 날마다 지구촌은 시끄럽기 짝이 없다. 사람들의 불안한 웅성거림은 좌절과 포기를 유발하고 시시때때로 공동체를 교란시키고 있다. 그러므로 한 개인의 불안과 고통은 간과할 일이 아니다. 불안과 고통을 동반한 사람들이 늘어날수록 '희망 없는 사회, 지붕 없는 국가'로 전락 될 가능성이 높기 때문이다. 개인의 여유와 평안은 행복이며, 나아가 인류의 평화를 가져올 수 있다.

어떤 것들은/ 상상 그대로가 좋다.// 어떤 것들은/ 굳이 알려고 하지 않는 것이 좋다.//
어떤 것들은/ 진실을 꼭 확인하지 않아도 된다.// 어떤 것들은/ 그냥 그대로 두는 것도 좋다.// 어떤 것들은/ 정처 없이 흘러가도록 무심한 것도 좋다.// 어떤 것들은/ 힘들더라도 수용하며 아량을 베푸는 것도 좋다.// 그 어떤 것들에 의한/ 인생의 여유로움/ 내 안의 평안이며/ 인류의 평화이다.//

　가향의 시「관용」전문이다. 여기에서 '어떤 것들은' 인간사에서 벌어지는 일상적인 또는 회오리 같은 바람이다. 느끼지만 손아귀로 잡을 수 없는 바람, 알고 있지만 모르는 척해야 부드러운 바람, 그냥 내버려두면 제 풀에 지쳐 노기를 내려놓는 강풍 같은 바람, 붙잡지 않아도 언젠가는 다시 돌아오는 화해의 바람, 우리의 일상 속에서 알게 모르게 스치는 솔솔바람이거나 태풍 같은 거센 바람이거나 그 바람의 관용인 것이다. 항상 우리 주변에서 맴돌고 있는 다양한 바람을 매번 쫓아다니느니 차라리 멀찌감치 팔짱 끼고 서서 침묵으로 일관하는 여유로운 관용으로 바람을 잠재우는 것이다.
　박미정 문학박사는 "이영숙 시인의「관용」은 침묵의 면모를 유감없이 과시한다. 인내라고 할 수 있는 "어떤 것들은/ 힘들더라도 수용하는 아량을"이라고 하여, 고뇌를 반영하기도 한다. 시에서의 이러한 말법은 자칫 전달 속에 타자에게는 불편함이 될 수 있는데도 제목을 잘 선택해서 '관용'의 이미지를 드러나게 했다. 적절한 표현과 묘사의 묘(妙)가 있다."(영호남문학회 31호 등재, 박미정 문학박사 시평)

시는 정말로 묘한 예술이다. 작가의 의도와 다르게 독자들의 느낌이 다르다, 그러나 한 가지 동일한 것은, 그 무엇을 느낀다는 것이다. 느끼고 다독이며 또는 눈물지으며 자신을 돌아다 보면서 점검하기도 하고, 새롭게 눈을 뜨기도 한다는 것이다.
 언젠가 가향의 남편이 말했다. "유명시인이냐, 무명시인이냐가 중요한 게 아니다. 한 명의 독자라도 시를 읽고 나서 감동을 받고 그 독자의 마음에 울림이 있었다면 그 시는 명시이며 성공한 시인"이라고 했다.

 가향은 그동안 시를 쓰면서 유명해지고 싶다거나 시인으로 성공하고 싶다는 생각을 해본 적이 없었다. 그러나 가향의 시를 읽고 피드백을 주는 독자들이 종종 있었다. 그럴 때마다 시집 출간하기를 정말로 잘했다는 생각이 들었다.
 첫시집 『비 오는 날에는 커피향이 더 좋다』 출간 즈음 여동생이 다음카페를 만들어 주었다. 그러나 그 당시 현직에 있다 보니 카페 관리를 못해서 회원도 줄고 거의 문 닫고 있었는데 어느 회원(퇴직 교수)이 가향의 시 한편을 선정해 영시로 번역하고 시평까지 써서 메일로 보내주셨다. 그런데도 답장도 못 하고 때를 놓치고 말았다. 그 교수님께 보은의 의미로 이번 시집에 교수님의 글을 소개하면서 "때"에 대한 중요성을 환기(喚起)하고 싶다.

3. 시인은 좋은 글 많이 쓰면 그만입니다.
 독자는 써 놓은 글을 열심히 읽으면 되고요
 – 홍석우 교수님

떠나는 가을
Autumn in Retreat

YS

쌀쌀한 기온
찬 서리의 기침은
마음 시린 여인의
옷깃을 여미네

Crisp air,

A cold frost coughing,

Woman, feeling chilly,

Feeling awe-struck.

건조한 바람
힘없이 떨어지는 낙엽
바라보는 눈망울에
촉촉한 이슬 맺히니

A dry wind,

Leaves feebly falling,

Watching them,

With moist dew in her eyes.

바스락 바스락

고독한 사람의

낙엽 밟는 소리

가을의 비가悲歌

A rustling sound,

She, in solitude,

Treads on fallen leaves.

It's her elegy for Autumn.

떠나는 가을의 저녁노을

설악의 눈꽃 소식

한라의 눈꽃 소식을 전해주려

밤안개 걷어내며

분주히 걷고 있네

The glow of the sky at sunset in Autumn,

That heralds the flowering of snow

At both Mounts Sollak and Halla,

Trotting through the fog at night.

〈홍석우 교수님 시평 원문〉

* 위의 시는 떠나는 가을 A와 가슴 시린 여인 B가 서사의 두 바퀴를 이루면서 그것을 앞으로 끌고 가고 있습니다. 이 서사의 전개는 가을 A가 여인 B에 의하여 수렴(지양)되어 마침내 A/B= 눈꽃 C로 거듭나게 되는 것으로 결말이 납니다. 거듭난다는 것을 문학 용어로 말하면 역설이고 화학 용어로 말하면 승화이며 철학 용어로 말하면 지양입니다. 헤겔의 변증법의 용어로 말하면 these/anti-these=syn-these가 된다는 뜻입니다.
* 작품을 쓰는 것을 문학에서는 creation/창작이라고 합니다만 창작이란 새로운 것을 만든다는 뜻이지요. 세상에 널리 알려져 있는 상식을 전복하여 새로운 것을 선보일 때 비로소 창작의 값에 해당하는 것이 됩니다. 문학 기법을 가지고 말하면 이 창작, 즉 새로운 가치의 제시가 바로 역설의 제시에 해당합니다.
* 역설적 진실을 드러내 주는 것이 창작인이 하는 일인데 이 일이 얼마나 힘든지는 설명이 따로 필요하지 않습니다. 깊은 생각이 있어야 하고 다음에는 기법에 능통해야 하며 이야기를 끌고 가 독자를 설득하는 논리적 합리적 설명까지 요구되니까요. 게다가 모든 설명을 특정한 뜻을 가지는 개념으로서가

아니고 여러 가지 뜻을 동시에 가지는 이미지를 가지고 말하라고 하니 더욱 어렵지요.

* 사정이 그러한데도 위의 시는 역설 드라마를 성공적으로 잘 전개시켰습니다. 역설 즉 새로운 가치로서의 역설은 그냥 거저 만들어지지 않습니다. 인간이 노력하여야 하는데, 위의 시에서, 가을 A에 대한 여인 B의 끝없는 공감/동정/동감(영어로 sympathy/empathy/compassion)-- 이와 관련하여 B가 A에게 바치는 elege가 주목이 가는데--있었다는 점이 중요합니다. 가을 A도 그 나름대로 역할을 합니다. 그는 죽어가는 순간에도 기꺼이 그리고 최선을 다해 높은 산 정상에 피는 눈꽃에 대한 소식을 전하고자 노력합니다. 이러한 둘의 노력에 의하여 마침내 둘이 모두 관계가 있으면서도 서로 다른 제3의 가치가 충출되는 것입니다.

* 이미지를 가지고 말하면(개념을 가지고 말하면 절대 불가능한 해석입니다), 눈꽃이 새로운 역설을 가장 잘 상징하고 있다고 말할 수 있습니다. 눈은 자연물로서 그가 결코 꽃을 필 수는 없습니다. 눈은 자연이라는 공통의 끈으로 해서 이미지상으로(개념상으로는 있을 수 없습니다) 떠나는 가을을 상징하는 것으로 이해됩니다. 꽃은 물론 이미지상으로 가슴이 시린 여인을 상징하는 말이지요. 그러므로 눈꽃은 그 자체가 위의 시 이야기의 두 주인공 가을과 여인을 모두 수렴해 주

는 역설적인 존재에 대한 비유적 상징이 되는 셈입니다.

** 위의 시를 영어로 번역하여 보았습니다. 우리말로 글을 지을 때 영어로 번역이 될 수 있는지를 살피면서 쓰면 좋습니다. 영어가 중요한 것이 아니고 영어로 익힌 우리 모두의 문법/어법이 중요하니까요. 어법에 맞지 않는 글은 써도 소용이 없게 되지요. 만인이 글을 통한 소통을 위하여 서로 약속하여 만들어낸 것이 어법인데 이 약속을 어기고 제멋대로 글을 쓰면 자기 말고는 아무도 알 수가 없게 되는 것이지요. 난해 시도 시라고 하는데 그럴 수는 없겠지요. 남이 읽어서 무슨 뜻인지를 알 수가 없다면 처음부터 혼자 독백을 하고 말아야지 글로 표현하여 공표하는 것은 타인에 대한 예의도 아닌 것이지요.

** 저는 퇴직 교수입니다. 문학은 제 전공이 아닙니다만 늘 문학을 어려서부터 좋아하여 왔습니다. 연구 틈틈이 시도 써보았습니다. 제가 한국시를 읽으면서 느끼는 것은 사람들이 글을 함부로 쓰고 있다는 것입니다. 질색인 것은 어법과 원칙과 원리를 무시하고 제멋대로 쓰는 글입니다. 제가 십 년 쯤 전에 지난 백 년 미국에서 가장 뛰어난 시 156편을 모아 놓은 책을 모두 읽은 적이 있습니다. 그런데 제가

그 가운데 뜻을 모르겠다는 것은 하나도 없었습니다. 한국시는 156편을 읽으면 반대로 제가 그 뜻을 알 수 있는 것이 별로 없습니다. 전자는 영어로 읽고 후자는 모국어로 읽는데도 말입니다.

** 그래서 한동안 한국시를 읽지 않았는데 요즘 제가 연구하다 지쳐서 쉬면서 한국의 서정시라도 읽어보자 해서 카페를 찾아보았습니다. 역시 실망이 컸습니다. 그런 과정에 우연히 귀 카페를 눌러보게 되었고 적은 몇 개의 글을 읽어보고는 이분은 적어도 논리적인 글을 쓰고 있구나 하는 생각에 무작정 가입하게 되었습니다. 그러다가 잊고 있다가 혹시나 해서 찾아보니 회원으로 받아주셨습니다. 시인은 좋은 글 많이 쓰면 그만입니다. 독자는 써 놓은 글을 열심히 읽으면 되고요. 다른 것은 아무것도 중요하지 않습니다. 좋은 글 읽게 되기를 기대합니다. 감사합니다.

— 홍석우 드림

홍석우 교수님은 '비 오는 날에는 커피향이 더 좋다' 카페에서 가향의 시를 읽고 이렇게 좋은 글을 보내주셨는데 그 당시 답글도 못 드렸다. 아무리 좋은 계획도 생각만 하고 실천하지 않으면 무용지물이라는 말이 있다. 답글을 드려야지 생각만 하고 10년이란 시간을 그냥 흘려보냈다.

홍석우 교수님의 글을 다시 한번 천천히 읽으면서 가슴이 짠해짐과 동시에 죄송한 마음이 솟구쳐 올라 눈물이 흘렀다. 제2집 『우아한 행복』을 교수님께서 제일 먼저 받아보시는 영광을 얻고 싶다.

고맙다는 생각이 들면
주저하지 말고 서슴없이 고맙다고 말하자
때를 놓치면 쑥스러워진다.

미안하다는 생각이 들면
미루지 말고 즉시 사과하자
때를 놓치면 어색해진다.

사랑하고 있다면
망설이지 말고 사랑을 고백하자
때를 놓치면 사랑하는 사람을
떠나보내게 된다.

용서하고 싶어지면
망설이지 말고 용서하자
때를 놓치면 용서하기 어려워진다.

모든 일에는 때가 있나니
그 '때'를 놓쳐 당황하며

후회하는 것을 배제한다면

세상은 당신을 존경할 것이며
시간은 즐거운 미소로
당신을 안아줄 것입니다.
 –「때를 놓치지 말자」전문

 가향의「때를 놓치지 말자」시를 홍석우 교수님께 감히 올린다, 가향은「때를 놓치지 말자」라는 시를 썼음에도 불구하고 홍 교수님께서 보내주신 메일에 답글 드리는 때를 놓치고 말았다.
 그 당시 정말로 많이 섭섭하셨을 것이다. "시인은 좋은 글 많이 쓰면 그만입니다. 독자는 써 놓은 글을 열심히 읽으면 되고요."라는 평범하지만 뜻깊은 명언을 남겨주신 홍석우 교수님께 진심으로 감사의 말씀을 전합니다.

 우리들의 사소한 일상에서 벌어지는 서운함과 억울함들은 대부분 때를 놓쳤을 때 일어난다고 해도 과언이 아닐 것이다. 미소가 메마른 무뚝뚝한 일상, 이것은 인간관계에 있어 표현 부족에서 발단된다고 볼 수 있다. 때때마다 '고맙습니다.' '감사합니다.' '사랑합니다.' '미안합니다.' '괜찮습니다.' 등의 친절하고 고운 말씨가 오간다면 우리의 일상은 더욱 화기롭고 즐거울 것이다. 이러한 화기로운 일상은 순간 착각하여 실수한 것에서, 또는 무뎌진 감성에서 벗어날 수 있는 매개체가 될 것이다.

　사람이 즐거운 마음일 때는 온 세상이 환하게 보이고 괴로운 마음일 때는 온 세상이 어두워 보이는 느낌일 것이다. 이처럼 사람의 마음은 때로는 참 단순하기 그지없다. 그리하여 작은 글귀 하나에서도 깨달음을 얻기도 한다. 가향은 그 깨달음의 메시지를 전하는 사람으로 거듭나길 바라며 내 인생의 도서관을 확장하고 싶다. 그 도서관에서 많은 사람들이 고뇌를 극복하고 늙지 않는 꿈과 희망을 다지며 인간 저변에 깔린 우수, 그리움, 추억, 사랑과 감사를 통한 겸손함의 근육을 키워나가길 기대한다. 가향은 그러한 조력자가 되기 위하여 날마다 감동의 글귀를 연구할 것을 다짐한다. 아울러 모든 독자님들의 건강과 축복을 위해 두 손 모은다.

/ 표지그림 /
우아한 행복
표지 그림 제목도 우아한 행복이다. 가향 시인의 손자인 유시우 학생이 시를 직접 읽고 시 내용을 연상하면서 그린 그림이다.

유시우 (대전 동화중학교 3학년)
유시우 학생은 유년 시절부터 그림을 좋아했다. 미술 관련 여러 공모전에서 많은 수상을 하면서 현재 예고 입학 준비를 하고 있다. 미술수상 경력으로는 2024학년도 전국중학생미술공모전 동상, 꿈 명함만들기대회 최우수상(동화중2), 미술교과 우수상 2회(동화중2), 전국 초·중학생 미술공모전 금상(초등6), 동화늘품예능상(동화초4) 등이 있다.

국제PEN한국본부
창립70주년기념 시인선 20
우아한 행복

저자 **이영숙**
기획·제작 **국제PEN한국본부** pen
International PEN-Korea Center

발행일 2024년 8월 26일
발행처 기획출판오름 Orum Edition
발행인 김태웅
등록번호 동구 제 364-1999-000006호
등록일자 1999년 2월 25일
주소 대전광역시 동구 대전로 815번길 125
전화 042-637-1486
e-mail orumplus@hanmail.net

ISBN _ 979-11-89486-51-8

값 15,000원

· 이 책은 2024년 예술지원정기공모사업에 선정되어 대전문화재단으로부터 사업비를 지원받았습니다.
· 본 책 내용의 전부 또는 일부를 재사용하려면 반드시 저자의 동의를 얻어야 합니다.
· 지은이와의 협의에 의해 인지는 생략합니다.